JOÃO CABRAL DE MELO NETO
EM VINTE QUADROS

Universidade Estadual de Campinas

Reitor
Antonio José de Almeida Meirelles

Coordenadora Geral da Universidade
Maria Luiza Moretti

Conselho Editorial

Presidente
Edwiges Maria Morato

Carlos Raul Etulain – Cicero Romão Resende de Araujo
Frederico Augusto Garcia Fernandes – Iara Beleli
Marco Aurélio Cremasco – Maria Tereza Duarte Paes
Pedro Cunha de Holanda – Sávio Machado Cavalcante
Verónica Andrea González López

ÉVERTON BARBOSA CORREIA

*João Cabral de Melo Neto
em vinte quadros*

FICHA CATALOGRÁFICA ELABORADA PELO
SISTEMA DE BIBLIOTECAS DA UNICAMP
DIVISÃO DE TRATAMENTO DA INFORMAÇÃO
Bibliotecária: Maria Lúcia Nery Dutra de Castro – CRB-8ª / 1724

C817j	Correia, Éverton Barbosa João Cabral de Melo Neto em vinte quadros / Éverton Barbosa Correia. – Campinas, SP : Editora da Unicamp, 2023. 1. Melo Neto, João Cabral, 1920-1999. 2. Poesia brasileira. 3. Crítica textual. 4. Editoração. I. Título. ISBN 978-85-268-1603-9	CDD – B869.15 – 801.95 – 070.5

Copyright © Éverton Barbosa Correia
Copyright © 2023 by Editora da Unicamp

Opiniões, hipóteses e conclusões ou recomendações expressas neste livro são de responsabilidade do autor e não necessariamente refletem a visão da Editora da Unicamp.

Direitos reservados e protegidos pela lei 9.610 de 19.2.1998.
É proibida a reprodução total ou parcial sem autorização, por escrito, dos detentores dos direitos.

Foi feito o depósito legal.

Direitos reservados a

Editora da Unicamp
Rua Sérgio Buarque de Holanda, 421 – 3º andar
Campus Unicamp
CEP 13083-859 – Campinas – SP – Brasil
Tel./Fax: (19) 3521-7718 / 7728
www.editoraunicamp.com.br – vendas@editora.unicamp.br

À memória de meus avós maternos,
Joana Nunes Barbosa e Antônio Barbosa de Oliveira

AGRADECIMENTOS

Em ordem alfabética subscrevo quem contribuiu para que eu colocasse um ponto final no texto em curso, que é, pela própria natureza, inacabado e, por isso, impõe este registro muito penhorado pela generosidade vinda em simultâneo e diversamente de Carlos Eduardo Ferreira de Oliveira, de Cristiane Brasileiro, de Elaine Cintra, de Marcos Siscar e de Yael Fernando Carvalho Torres.

SUMÁRIO

PREFÁCIO: VINTE LIVROS GIRANDO, por Marcos Siscar 11

UMA APRESENTAÇÃO, A TÍTULO DE ESCLARECIMENTOS 19

QUADRO I – PEDRA DO SONO (1942) 23

QUADRO II – OS TRÊS MAL-AMADOS (1943) 35

QUADRO III – O ENGENHEIRO (1945) 45

QUADRO IV – PSICOLOGIA DA COMPOSIÇÃO COM A FÁBULA
DE ANFION E ANTIODE (1947) 59

QUADRO V – O CÃO SEM PLUMAS (1950) 71

QUADRO VI – O RIO OU RELAÇÃO DA VIAGEM QUE FAZ O CAPIBARIBE
DE SUA NASCENTE À CIDADE DO RECIFE (1954) 81

QUADRO VII – MORTE E VIDA SEVERINA: UM AUTO DE NATAL
PERNAMBUCANO (1956) 93

QUADRO VIII – PAISAGENS COM FIGURAS (1956) 105

QUADRO IX – UMA FACA SÓ LÂMINA (1956) 117

QUADRO X – QUADERNA (1960) 129

QUADRO XI – DOIS PARLAMENTOS (1960) 141

QUADRO XII – SERIAL (1961) 153

QUADRO XIII – A EDUCAÇÃO PELA PEDRA (1966) 165

QUADRO XIV – MUSEU DE TUDO (1975) 177

QUADRO XV – A ESCOLA DAS FACAS (1980) 189

QUADRO XVI – AUTO DO FRADE (1984) 199

QUADRO XVII – AGRESTES (1985) 209

QUADRO XVIII – CRIME NA CALLE RELATOR (1987) 221

QUADRO XIX – SEVILHA ANDANDO (1989) 235

QUADRO XX – PRIMEIROS POEMAS (1990) 247

À GUISA DE SÍNTESE, OBSERVAÇÕES SOBRE OS LIVROS 263

REFERÊNCIAS 269

PREFÁCIO
VINTE LIVROS GIRANDO

Marcos Siscar

A concepção do livro *João Cabral de Melo Neto em vinte quadros* carrega um particular convite à leitura. O conjunto, segmentado em "quadros", na forma de comentários a cada um dos 20 livros de Cabral, se oferece como repertório sobre sua poética e funciona como uma espécie de "enciclopédia" móvel da produção cabralina. Ao apresentar obra por obra, os textos trazem um conjunto organizado de informações literárias, editoriais, biográficas e históricas, nem sempre legíveis nos textos, não apenas porque se referem a circunstâncias particulares (a seus "bastidores", por assim dizer), mas também porque mobilizam frequentemente referências que tendem a se perder no tempo da memória e das transformações históricas.

A um especialista do poeta pernambucano, talvez o estudo desperte interesse pelas discretas tomadas de posição, pela interação (frequentemente implícita) com a fortuna crítica de Cabral. Não é difícil perceber que o trabalho de Éverton Barbosa Correia é trabalho de especialista e de pesquisador – o que se observa desde a notação minuciosa dos dados mobilizados até a desenvoltura com que expressa conhecimento do contexto crítico e histórico da obra de Cabral.

Independente disso, o livro oferece razões de sobra para agradar ao estudante e ao leitor não especialista, interessado em conhecer o conjunto da obra de um grande poeta brasileiro. A estratégia do repertório, em particular, acena com a possibilidade de encurtar os caminhos de acesso às obras do passado, sobretudo as mais conhecidas. Condensando informações pertinentes, *João Cabral de Melo Neto em vinte quadros* ajuda a compreender a estrutura e a situação de cada livro dentro da produção do poeta como um todo, funcionando como estímulo para a leitura contextualizada de determinados conjuntos de textos. Nesse sentido, o trabalho tem um aspecto "didático" que não é negligenciável.

O leque de 20 quadros se estende desde o primeiro livro publicado por Cabral (*Pedra do sono*) até o último (*Primeiros poemas*), com textos dos anos 1940, mas só publicado como tal bem mais tarde. Naturalmente, a opção tem em vista conjuntos que passaram por decisão autoral, ainda que não tenham sido necessariamente publicados no formato livro (caso de *Os três mal-amados*); assim, é compreensível que outros projetos do poeta, recentemente divulgados – na forma de anotações ou de rascunhos inconclusos (como *Casa de farinha*) –, não sejam incluídos.

É preciso lembrar que o destaque dado à instância do livro de poesia como articulação de um todo portador de sentido não é o gesto metodológico mais corriqueiro. Mais comum é, ao contrário, a leitura que se ocupa de poemas particulares, que extrai elementos significativos de textos escolhidos a fim de constituir uma lógica mais geral da obra ou de apresentar o amadurecimento criativo de determinada proposta estética. A escolha da unidade estrutural e histórica do livro já comporta, portanto, alguns pressupostos teóricos interessantes.

Em primeiro plano, é claro, tal opção ajuda a dar visibilidade à organização e à historicidade de cada volume publicado. Mas, mais do que isso, ajuda também a colocar em primeiro plano os diferentes modos de relação que temos com a ideia de livro: seja quando este se apresenta como um longo poema (*O cão sem plumas*, *Morte e vida severina*, *Auto do frade*, por exemplo), eventualmente dramático, seja quando tem um princípio mais acumulativo (*Pedra do sono*, *A educação pela pedra, Museu de tudo*, entre outros). Aquilo que parece evidente no primeiro caso não é nem um pouco no segundo: que um fragmento de texto retirado de um livro precisa ser lido *em contexto*, inclusive no âmbito da obra de que faz parte. Embora haja situações muito distintas em jogo, o fato é que a leitura de um poema isolado, sem referências ao seu contexto de produção e de publicação, não é uma operação sem consequências.

É verdade que Éverton Barbosa Correia evita entrar no mérito da adequação geral desse problema ao caso específico do poeta, eximindo-se de determinar se Cabral é prioritariamente "autor de poemas ou de livros". Por outro lado, apresenta elementos que reforçam o interesse pelo aspecto estrutural, mostrando, por exemplo, como a relação histórica do poeta com a tipografia e com a editoração teve impacto na organização e na leitura de sua produção; ou, ainda, como o trabalho com simetrias formais é um aspecto muito presente no acabamento de determinados livros. A mobilização de elementos miúdos da *reescrita* dos textos pelo próprio poeta (espécie de procedimento genético aplicado em certos casos) não desmente essa percepção, reforçando ao contrário a ideia da estrutura *livro* como lugar da produção de sentido – ainda que esse sentido só ganhe inteligibilidade com a necessária participação do leitor.

O título *João Cabral de Melo Neto em vinte quadros* não deixa de fazer alusão aos versos de Cabral ("com as mesmas vinte palavras / girando ao redor do sol", do poema "Graciliano Ramos"), que retomam em espelho um princípio estético atribuído ao prosador alagoano. E o destaque dado aí à contenção verbal acaba por recolocar o problema da dimensão sistêmica da escrita do poeta, já que a economia de meios pela qual se constitui comunica com o trabalho "em rede", na trama do léxico, das imagens e das estruturas recorrentes. Apesar da eventual "assimetria" constitutiva desse trabalho, tudo conspira para que cada poema seja lido em relação a outros textos, não na subordinação a um princípio prévio, mas como forma "em fixação constante", a ser compreendida dinamicamente, na inteligência dos contextos e dos processos dentro dos quais cada um de seus elementos ganha sentido.

Essa me parece ser uma das opções metodológicas do livro. Mas o que prevalece no trabalho particular dos capítulos é antes de mais nada o tipo de material com o qual vão sendo urdidas as análises de cada um dos livros. Trata-se não apenas de levar em conta os aspectos textuais (e paratextuais), mas também de dar destaque à historicidade de referências que iluminam as inúmeras facetas de seu sentido. Informações sobre temas e técnicas do poeta (estabelecimento e transformações de determinados padrões de poesia) e sobre a edição dos livros (aspectos técnicos, comparação entre diferentes edições) se alternam com referências biográficas (incluindo a relação de Cabral com outros autores importantes da vida literária, como Drummond, Joaquim Cardozo, Vinicius de Moraes, por exemplo) e com informações históricas (inclusive da miúda história "local" ou "regional", eventualmente europeia, latino-americana ou africana). É perceptível, nesse conjunto, uma atenção muito nítida à matéria pernambucana (referências físicas e familiares; relações de amizade e intelectuais; presença de autores pernambucanos na vida literária brasileira) e a opções formais decisivas para Cabral (como a especialização da estrutura da quadra, do octossílabo e da rima toante).

"São incontáveis as circunstâncias históricas e biográficas que se entrelaçam no emaranhado das publicações", diz o autor. E, de fato, o procedimento poderia se tornar vertiginoso, se a estratégia fosse a da mera acumulação. Mas a proposta não é exatamente essa. O "rosário de informações" apresentado por Éverton Barbosa Correia sugere antes um cuidadoso procedimento de seleção que busca o gesto interpretativo ao conectar cada circunstância com as questões mais amplas relacionadas à poética de Cabral.

É verdade que *João Cabral de Melo Neto em vinte quadros* vem a público num momento de interesse pela trajetória e pela vida de João Cabral, pouco depois da publicação da aguardada biografia do poeta (*João Cabral de Melo Neto: uma biografia*, de 2021), escrita por Ivan Marques. E vale a pena lembrar que a biografia ela própria já se nutre do trabalho de Éverton Barbosa Correia, que há muitos anos (desde, pelo menos, sua tese de doutorado sobre a "poética do engenho" de Cabral, de 2007) se interroga sobre as circunstâncias e as referências da produção do poeta pernambucano. Percebe-se, nesses trabalhos, a busca de chegar até a obra de Cabral a partir de outros lugares que não aqueles previstos pelo padrão de leitura habitual da racionalidade e da universalidade poéticas. Ao leitor atento da poesia brasileira que se faz hoje, essa confluência de interesses críticos talvez forneça uma pista interessante para adentrar no elemento controverso que acompanha a leitura de João Cabral, nas últimas décadas: o drama da recusa do "lirismo" e da "poesia de circunstância" que, nos poetas posteriores, aparece por vezes na forma de embate agônico.

No caso da crítica de Éverton Barbosa Correia, o interesse pelas conjunturas da obra incide prioritariamente sobre a historicidade de determinadas fixações da poética cabralina, procurando mostrar como apareceram e se transformaram ao longo do tempo. A ideia de racionalidade associada a Cabral, por exemplo, se não é recusada como ilusão de ótica (uma vez que passou a fazer parte da nossa vida literária), também não é resultado de um puro cálculo, baseado em princípio prévio: ela deriva de um processo criativo ("do onírico ao praticável, para chegar até o calculável") e histórico, no qual a obra interage ativamente com seu contemporâneo e com seu próprio passado. O conjunto de metamorfoses a que chamamos "obra" tanto reúne uma quantidade considerável de elementos heterogêneos quanto excede o próprio controle da subjetividade autoral, pressupondo um diálogo constante com o tempo presente, inclusive na forma de reação a determinadas circunstâncias da recepção.

Aqui, a convicção metodológica do estudo é mais forte: "Tudo isso importa, para que não tomemos a obra como produto de uma entidade previamente embalsamada, mas, ao contrário, como objeto de interesse público que é capaz de sofrer alterações a partir da interferência da comunidade de leitores, incluindo organizadores e editores". Dessa maneira, a opção pelo centro de gravidade dos livros ganha o contrapeso importante da ideia de trajetória, da leitura diacrônica da estruturação da poética e dos livros de Cabral. Mobilizando a circunstância que "serviu de suporte" e "deu substância" às produções do poeta, trata-se de "dar sistema às referências paratextuais", organizando a história subterrânea de cada volume, a fim de entender o estabelecimento e as transformações de determinados tópicos e padrões de poesia. E, nesse âmbito, as análises de poemas específicos reforçam percepções suscitadas por outros meios. Tão imperioso é o pressuposto que o estudo termina na hesitação sobre o que fazer com um livro (*Primeiros poemas*, publicado em 1990, mas composto de textos do início da carreira de Cabral) que, paradoxalmente, não se presta bem à explicação histórica (e "editorial") da formação da obra autoral.

O desconforto ocorre porque, em vez de privilegiar a unidade e a identidade de uma leitura geral (*a priori*) da obra, a análise elege como propósito interpretativo dar visibilidade aos processos de configuração, mas também eventualmente aos estranhamentos e distanciamentos que participam dessa configuração. O sentido da obra não está dado necessariamente no discurso do poeta, como se este fosse sua única causa. Por outro lado, também não é a mera expressão consumada de um roteiro alternativo, biográfico ou histórico. O importante parece ser o processo de constituição paulatina desses sentidos, a partir da "matéria" histórica ou linguística de que são feitos, num dispositivo de permuta que entretém (mais do que explica) as tensões entre o projeto poético e suas metamorfoses.

Prenhe de informações de diversa ordem, inclusive sobre o "sujeito social" ou sobre a *"persona* pública" do poeta, *João Cabral de Melo Neto em vinte quadros* é uma narrativa, não da vida, mas do drama da formação de uma obra poética. O autor, neste caso, não é apenas aquilo que pressupõe, mas aquilo que resulta do movimento narrativo e interpretativo – como se 20 livros girassem não em torno de Cabral, mas a seu propósito, em função de seu *vir a ser*.

UMA APRESENTAÇÃO,
A TÍTULO DE ESCLARECIMENTOS

O conjunto de abordagens dos poemas ora timbrado com o título de *João Cabral de Melo Neto em vinte quadros* se guia por uma intenção didática, qual seja, a de dispor de certa obra autoral publicada em vida e sob anuência do poeta, que nunca se cansou de emendar os próprios versos. Diante de um portador de trajetória tão inapelavelmente variada – devido a especulações individuais e também em virtude do ofício diplomático –, a estratégia ilustrativa foi a de eleger um poema por livro quando se tratasse de uma coletânea de composições; ou, ainda, uma parte da obra, quando fosse o caso de livros com uma longa e única composição. Ciente da parcialidade instaurada, uma vez que jamais haverá uma identidade estrita entre uma parte compositiva e o todo da brochura que a enfeixa, o intuito foi sempre o de dar a dimensão do artífice verbal e gráfico em pequena e em larga escala, continuamente e em processo. Daí decorre a impossibilidade de simular um eixo ordenador que ligasse uma parte do livro à sua totalidade como uma condicionante expressional constante – de quadro a quadro –, dada a oscilação entre as intervenções do autor. Menos ainda seria possível encontrar um ponto de articulação retilíneo entre os livros enfileirados e coordenados entre si, ainda que sob a forjadura da cronologia, o que implicou uma opção pelas circunstâncias autorais e editorias, em sintonia, sem descartar os ruídos existentes na relação entre o criador e a criatura encadernada.

UMA APRESENTAÇÃO, A TÍTULO DE ESCLARECIMENTOS

Na medida do possível, quando um livro indica outro ou lhe chama ao diálogo explicitamente, tentou-se registrar as referências como índices de um estilo expressional em contínua transformação, mais do que supor a existência de uma unidade prévia ou uma coerência cerrada da obra, o que a rigor não se aplica ao escopo de leitura praticado aqui. Em vez disso, o intento foi o de acionar referências biográficas, históricas ou editoriais que levassem à consideração da obra como artefato estético vazado em linguagem verbal grafado numa brochura, o que vale para apreciar uma circunstancial composição ou o volume como um todo. De uma maneira ou de outra, as referências deverão servir de baliza para a abordagem da obra com base no seu contexto de pronunciamento primeiro e sua consequente recepção. Aliás, por isso, apenas alguns leitores da poesia foram mencionados no horizonte de uma generosa fortuna crítica, para dimensionar o impacto da leitura inicial, mais do que a significação que a obra adquiriu, em virtude do que os posicionamentos críticos servem mais como registro da leitura a que obra se submeteu, do que para o desenvolvimento de uma reflexão propriamente literária nos termos circunstancialmente consignados.

A motivação foi sempre a de fazer com que a obra aparecesse antes da significação que viesse a ter, como uma espécie de convite à leitura ainda em movimento, o que implica a opção pelas circunstâncias de elaboração e de circulação da obra, entre as quais as condicionantes editoriais ganham destaque, porque têm prevalência na confecção do artefato gráfico, tal como se apresentou ou se apresenta ao público, sob alguma mediação autoral. Como uma decorrência natural a esse movimento de leitura, todas as edições de todas as obras em análise foram mencionadas, quando não incorporadas explicitamente para efeito de cotejo verbal ou editorial. E mesmo quando a edição contemplada para a abordagem foi a última, nunca se deixou de compulsar a primeira, se não para seguir a orientação do autor, de tomar a última como a mais importante, decerto para informar como se apresenta atualmente. O propósito é justo o de refletir sobre o objeto literário que sofre a interferência do poeta, mas também dos demais agentes envolvidos, em meio aos quais editores e organizadores se destacam no delineamento e na definição do volume como foi editado primeiramente ou está em circulação.

A hipótese que anima o exercício de leitura deve combinar a parte da obra eleita para a apreciação com a encadernação que lhe serve de suporte. A considerar que a relação entre a parte em pauta e o todo configurado haverá de ser sempre variável, de acordo com a edição utilizada e com o leitor em foco, convém dispor das referências históricas e editoriais, para que cada qual possa se mover com maior segurança e desenvoltura mediante o objeto da circunstancial leitura, seja um poema ou o livro, como uma totalidade portadora de significação. Perante cada quadro, como um ponto de partida de amostragem dialética, fica o registro do convite para que cada um atualize e dê continuidade ao exercício de leitura proposto, desde sempre e permanentemente aberto, o que se aplica a toda e qualquer obra, com o talvez diferencial de estar franqueado aqui a iniciantes e a conhecedores da obra de João Cabral de Melo Neto.

QUADRO I
PEDRA DO SONO (1942)

Antes de identificar um livro da autoria de João Cabral de Melo Neto (1920-1999), a locução adjetiva "pedra do sono" nomeava uma comarca do município de Limoeiro (PE) que, por seu turno, veio também a dar nome a uma estação de trem inaugurada em 1834, ligada ao ramal Limoeiro, que depois veio a se chamar ramal Bom Jardim e foi extinto em 1968. Portanto, a parada de trem estava em pleno vigor quando o poeta nasceu, bem como quando da publicação do livro. Para todos os efeitos, tendo sido publicado em Recife em 1942, trazia consigo a referência à geografia regional e, mais ainda, tomava como título o nome de uma vila do interior. Por outra, provoca uma identidade entre o nome do livro e o nome de uma localidade, como se o livro pudesse ser lido como um lugar e um lugar de passagem, se consideramos também o nome da estação. Então, apesar de simular uma inferência autoral abstrata, *pedra do sono* designa uma estação de trem e nomeia um distrito, e deu origem às outras nomeações, inclusive a autoral. Vale a informação de que o ramal de Limoeiro conduzia os passageiros da capital pernambucana ao interior do estado, cujo roteiro pode ser rastreado em poemas que o poeta depois viria a escrever – a exemplo de "Tio e sobrinho" em *A escola das facas* ou "Menino de três engenhos" em *Crime na calle Relator* –, expandindo a experiência sensível na geografia estadual.

Isso interessa, especialmente, porque João Cabral de Melo Neto é o tipo de autor que se fez poeta antes mesmo de sua primeira encadernação em brochura, posto que já tivesse alguns poemas escritos desde a década de 1930, conforme depois veio a lume na coleção intitulada *Primeiros poemas* (1990). O curioso é que, mesmo sem ter sido publicado em livro, já era reconhecido como poeta, a considerar que em 1941 foi escalado para apresentar a conferência "Considerações sobre o poeta dormindo" no Congresso de Poesia do Recife, realizado naquele ano. A epígrafe do texto da palestra é uma quadra de Willy Lewin: "O sono, um mar onde nasce/ um mundo informe e absurdo,/ vem a molhar minha face:/ caio num ponto morto e surdo", cuja moldura formal se constitui como marca expressional e poética, já explicitada naquele momento inaugural da aparição pública do jovem escritor, que se apresenta mediante uma referência da poesia praticada ali no Recife. Embora a referência só venha ressoar na obra ulterior, quando observada retrospectivamente, naquele momento exercia função espectral ao experimento poético.

Pois, a certa altura daquele opúsculo, João Cabral se propõe a fazer uma descrição do sonho e praticamente parafraseia "O poema do homem dormindo", o qual, somente tendo vindo à estampa editorial em 1947, já circulava no Recife desde muito antes de sua publicação entre os frequentadores do Café Continental na rua Lafayette, em meio aos quais pairava incólume a figura de Joaquim Cardozo, emulando a de Willy Lewin. Para registro, vale a pena a transcrição do poema cardoziano e do ensaio cabralino, em parte específica, conforme seguem, começando pelo poema para prosseguimento com o ensaio então publicado.

Poema do homem dormindo

O homem que dorme é um menino.
O homem que dorme é mais puro que um menino, é um anjo.
O seu rosto parece uma noite de lua,

Ele tem nas mãos o espírito húmido de um lago.
Ele tem sob os olhos a sombra tranquila das coisas.

No leito em que durmo não quero mulheres,
Elas agitam o meu corpo e perturbam os meus sonhos,
Para que macular assim a pureza encantadora do sono?

O homem que dorme está só,
Vive num mundo só dele, num mundo diferente
Onde qualquer lei científica pode ser alterada.
O homem que dorme conhece o milagre.
O homem que dorme imagina paraísos.
O homem que dorme é melhor do que os mortos.[1]

Se fizermos um rápido cotejo com aquele outro texto produzido pelo jovem João Cabral, perceberemos que alguns trechos de sua fala funcionam como glosa, quando não como explicação do poema cardoziano, tal como identificamos nas seguintes passagens recolhidas do ensaio "Considerações sobre o poeta dormindo":

> O sonho é como uma obra nossa. Uma obra nascida do sono, feita para nosso uso [...] cuja exploração fazemos através da memória. [...] Contrariamente ao sonho, ao qual como que assistimos, o sono é uma aventura que não se conta, que não pode ser documentada. [...] Entretanto, a ação do sono sobre o poeta se dá em outro nível que o de simples material para o poema, [...] o sono sendo como que um movimento para o eterno, [...] que restabelecerá no homem esse equilíbrio que no poeta há de ser, necessariamente, um equilíbrio contra o mundo, contra o tempo. [...] O sono não inspira uma poesia, [...] apenas fecunda-a com o seu sopro noturno – o hálito da própria poesia em todas as épocas.[2]

---

[1] Cardozo, 1947, p. 25.
[2] Melo Neto, 2008, pp. 666-668.

Tudo isso ganha contorno e relevo se considerarmos que, ainda muito moço, João Cabral também frequentava o café da Lafayette, onde se reuniam poetas e pintores pernambucanos, ao menos desde 1938, e que em dezembro de 1939 Joaquim Cardozo foi extraditado do Recife sob instâncias políticas. Sem poder falar expressamente de um confrade poeta, devido à ditadura em vigor, cita expressamente outro. Mediante a referência explícita a Willy Lewin, constitui-se um contraponto reparador à referência implícita a Joaquim Cardozo, como celebração da poesia praticada no Recife da época pelos quarentões, que serviam de parâmetro para o jovem poeta, tanto em termos políticos quanto estéticos, notadamente em direção à especulação onírica depurada do sono, presente na obra de ambos os predecessores. De maneira que, quando, no ano seguinte, João Cabral anuncia a publicação de *Pedra do sono*, por mais metafísica que pareça a locução adjetiva descolada do contexto, constitui-se também como uma referência ao tipo de poesia cultuada no Recife de então, ao menos por dois luminares contumazes do café da Lafayette, que se ofereciam como balizas para o poeta recém-chegado à maioridade civil, que a publicação registra e celebra. Tornado poeta reconhecido porque publicado, era previsível que o autor se caracterizasse pelo que lhe é distintivo, como um atributo singular de sua expressão. Sem desconsiderar a distinção e a excelência da poesia em pauta, interessa averiguar a circunstância histórica que lhe serviu de suporte e a matéria que lhe deu substância.

A esse respeito, convém especular acerca dos porquês que fizeram daquela poesia uma obra pétrea, tendo sido forjada inicialmente pelo sono como um qualificativo de sua materialidade. Portanto, o livro *Pedra do sono* assim se faz legitimamente nomeado porquanto havia no Recife da época toda uma busca para depurar a poesia do sonho e, antes disso, do sono. O sono se constitui, desta maneira, como um *tópos* para dar a tônica a uma poesia que deseja se materializar graficamente no espaço da página e, por isso, requer-se pétrea, para constituir a paisagem nativa sem ser exatamente um elemento da natureza, mas um traço representativo do local. Sob tal prisma, em vez de uma possível abstração, a locução "pedra do sono" torna visível um tipo de poesia praticada naquele Recife, ilustrado por uma referência geográfica remota, que a obra de João Cabral atualiza num nível de execução e num nível de excelência imprevistos.

As marcas líricas rastreadas pelas referências lexicais constantes no título também podem ser extraídas de índices paratextuais, se considerarmos que o título da obra – já um paratexto – entabula uma série de indicações, que se desdobram em epígrafe e dedicatórias, mas também nas marcas editoriais da publicação e da circulação do volume original, o qual, tendo sido editado no Recife, logrou recepção nacional, em parte, pela alentada tiragem para os padrões da época e, em parte, pela cadeia de relações que o poeta já tinha estabelecido antes da publicação no Rio de Janeiro, capital federal e cultural daquele Brasil republicano. Conforme seja, afora as informações depuradas do título, há uma dedicatória cumulativa, que é familiar e é poética. A parte da dedicatória que se volta para a família registra-se assim: "A meu pai e minha mãe". Mais adiante, em *A escola das facas* (1980), haverá a dedicatória "A meus irmãos", e em *Auto do frade* (1984), "A meus filhos", todos no plural. Somente aqui a dedicatória familiar singulariza o pai e a mãe como entidades recíprocas e distintas entre si, desvinculadas da generalidade da progenitura comum.

A dedicatória de *Pedra do sono*, ainda uma vez, sendo extensiva da família para a poesia, desdobra-se em duas personagens poéticas importantes para o autor, ali grafadas logo em seguida ao nome dos pais: "A Willy Lewin e Carlos Drummond de Andrade". Willy Lewin, além de poeta importante, era o intelectual que franqueava sua biblioteca ao jovem poeta, notadamente os títulos de poesia francesa recém-lançados, com forte impregnação surrealista, reforçando a tópica do sonho e do sono, sempre lidos no original. Por outro lado,

Drummond foi o poeta que maior impressão causara no jovem João Cabral, a quem veio a conhecer no ano anterior à publicação e de quem se tornou assíduo frequentador, após sua transferência para o Rio de Janeiro. Então, a segunda parte da dedicatória, ao mesmo tempo em que anuncia a passagem do Recife para o Rio, aponta também uma mudança de referência literária, elegendo outro modelo de poeta, não mais radicado nem oriundo do Recife. Com isso, os quatro nomes na dedicatória anunciam um poeta que é de família pernambucana tradicional, distinguindo assim seu lugar geográfico e social, e que se dirige a uma vertente poética bastante sinuosa, porquanto chama para si escritores que não estavam em alta naquele momento – o que vale para Lewin e para Drummond.

Para dar sistema às referências paratextuais daquele volume, é preciso referir a epígrafe "Solitude, récif, étoile...", seguida pela indicação autoral nua e crua: Mallarmé. Como se todos os leitores soubessem já àquelas alturas de quem se tratava, para todos os efeitos, estamos falando de um verso extraído do último terceto do soneto "Salut" de Stéphane Mallarmé. Traduzindo, o soneto se chama "Saudações" e o verso enuncia "Solidão, Recife, estrela...", com reticências. Não sei se haveria epígrafe mais adequada para quem se apresentava naquele momento como poeta do Recife. Óbvio está que o recife mallarmaico não era o cabralino, mas passa a ser daí em diante, porquanto associa as pedras do recife ao mar, o que lhe dá autonomia como uma referência do mundo real e do mundo do sonho, oniricamente decalcado do simbolismo francês e que repercute com força na lírica brasileira, exatamente ali, entre a solidão e a estrela, conferindo ao Recife maiúsculo uma dimensão universal, porque tem uma impregnação bem particular ao poeta.

Um movimento de escrita perceptível nos paratextos desse livro de João Cabral de Melo Neto – seja título, seja dedicatória ou epígrafe – é que se materializa no espaço da página uma referência abstrata, depurada da realidade, que adquire outra conotação quando inscrita no livro, instaurando outra realidade no texto, sobreposta à referência ou à realidade já conhecidas. Com isso, cria-se uma realidade textual contígua e sobreposta à anterior, cujo efeito de leitura passa pela percepção de uma sobrerrealidade ou suprarrealidade, que, associada ao vocabulário oriundo do francês, pode ser identificada como surrealismo, indicando um procedimento literário, extraído do sonho e como desdobramento da formalidade simbolista, que encontra recurso singular na pena de João Cabral de Melo Neto. Também por isso, quando o autor projeta no título do livro a referência à estação de trem, designativa de uma vila, instaura já no título o mesmo procedimento que irá reproduzir na epígrafe, de conferir à localidade particular um sentido universalizante. Por outro lado, quando anota na encadernação do livro uma dedicatória reduplicada da família para a poesia, confere à sua escrita uma particularidade social que repercute vivamente na convenção literária – justapondo entes familiares a entes poéticos – e subscreve no paratexto a referência da realidade, que se atualiza no texto. De igual modo, quando cita um simbolista francês que não é um autor qualquer, abre o precedente da abstração da cidade do Recife em matéria de poesia e em inscrição no espaço da página, instaurando uma sobreposição de referências como uma marca de sua colocação autoral ou de sua condição de estar no mundo, quer seja como sujeito histórico circunstancialmente determinado, quer seja como sujeito poético que reclama uma sobrerrealidade textual.

Entre os elementos paratextuais, a edição *princeps* carrega ainda um prefácio de Willy Lewin intitulado "João Cabral de Melo Neto e sua poesia", o que fortalece a sobreposição de referências da poesia pernambucana no livro. Por outro lado, interessa como índice que mapeia aqueles 29 poemas publicados orginalmente, mas reduzidos à cifra de 24 pouco mais de uma década depois, tal como passou a figurar em livro após a publicação de *Poemas reunidos* (1954), e assim se confirmaria na reedição de *Duas águas* (1956), nas quais cinco poemas da edição primeira foram preteridos,[3] e assim ficou o livro sendo reeditado. Esses cinco poemas só foram restituídos à lavra autoral por ocasião da publicação de *Primeiros poemas* (1990); portanto, quem leu o livro *Pedra do sono* por meio das edições em circulação de 1954 até 1990 dispunha de uma coleção de poemas que não corresponde à que circula hoje no mercado, o que pode ser indicativo da preferência de uns poemas em detrimento de outros, menos pelo gosto dos leitores do que pela interferência que se registra de edição a edição. Paradoxalmente, é neste recorte temporal – entre a década de 1950 e a de 1990 – que se sedimenta e se consolida o repertório de seus leitores, os quais ficaram com o livro como uma coleção de 24 poemas, e não de 29. Isso pode ter repercutido, notadamente, na análise dos críticos que se empenharam em descrever sua obra como um todo, mas se viram alijados de alguns poemas que poderiam alterar a compreensão da obra em sua totalidade.

Independentemente de qual seja a edição do livro compulsada pelo leitor, convém especular algo acerca da série de poemas reunida no volume em mãos, para que se possa conceber o livro como uma totalidade portadora de sentido exclusivo, a depender da quantidade de poemas que cada edição carrega e que enseja uma série de poemas relacionados entre si. Para fugir a preferências editoriais, tomemos uma composição presente em todas as edições, porque paradigmática daquele momento na trajetória autoral e porque se fez um referente da obra cabralina de então e também posterior, até porque carrega consigo a marca metalinguística no título, que virá a ser um distintivo autoral.

---

[3] Os poemas preteridos de *Pedra do sono* a partir das reedições de *Poemas reunidos* (1954) e de *Duas águas* (1956) são os seguintes: "As amadas", "Dois estudos", "Homem falando no escuro", "A *miss*", "O regimento".

Poema

Meus olhos têm telescópios
espiando a rua,
espiando minha alma
longe de mim mil metros.

Mulheres vão e vêm nadando
em rios invisíveis.
Automóveis como peixes cegos
compõem minhas visões mecânicas.

Há vinte anos não digo a palavra
que sempre espero de mim.
Ficarei indefinidamente contemplando
meu retrato eu morto.[4]

    Sendo o primeiro poema de uma série de 24 ou de 29 poemas – a depender da edição –, convém pensar a relação dessa composição com as demais do volume abordado, considerando-se a tonalidade do livro, que é metalinguística e que é pautada por uma suprarrealidade, já sinalizada no primeiro momento de sua escritura, cuja grafia está sendo tomada aqui pela última edição em circulação, justamente para dispor de uma percepção retrospectiva. Todavia, é preciso lembrar que a compreensão do volume é variável, mediante a qual o entendimento particular do poema deve sofrer alguma interferência, quando confrontado com os outros poemas que dão sustentação à brochura manuseada. Na ordem de publicação do livro *Pedra do sono*, independentemente de qual seja a edição, esse poema é o que primeiro aparece e, por isso, simula uma abertura, porquanto

---

[4] Melo Neto, 2020, p. 35.

funciona como primeiro contato com a obra, abertura que logo se nega, porque se fecha em procedimentos sintáticos que reclamam análise.

Sintaticamente, a primeira observação a ser feita passa pela única incidência de vírgula no poema, cujo enunciado é reiterativo, apositivo e paralelístico. "Olhos com telescópios", "peixes como automóveis", "meu retrato" e "eu" compõem um quadro de referências em que a natureza se subordina a conquistas tecnológicas, às quais reputaríamos traços da cultura moderna: telescópios, automóveis, retrato. Ainda no nível sintático, também é possível ler o poema como constituído de quadras, cujos enunciados são paralelismos, que se completam às vezes referencialmente, às vezes metaforicamente. Cumpre, todavia, assinalar a ocorrência isolada da vírgula, separando dois versos: "espiando a rua, / espiando minha alma". Assim colocados os versos, "rua" e "alma" são equivalentes para quem está espiando: os olhos com telescópios. Aqui, mais do que um atributo moderno, interessa destacar a refração subjetiva que se projeta num objeto supressivo, porquanto compromete sua real visão, o telescópio. O instrumento de observação descolado do sujeito permite que ele se veja fora de si, "longe de mim".

Mais interessante do que observar a refração subjetiva, segundo a qual o sujeito se faz refratário ao objeto que lhe dá recurso, é perceber que tal efeito supressivo também se verifica no plano da linguagem, notadamente por meio da sintaxe (supressiva da vírgula), que seria um dos indicativos linguísticos e formais da colocação no texto do sujeito que o estrutura e que ali se esvai ou se esfuma, evidenciando uma ausência. Refiro-me, particularmente, aos últimos versos da primeira e da terceira estrofes, respectivamente: "longe de mim mil metros" e "meu retrato eu morto". Em ambos os casos, uma simples vírgula separando os termos dos versos já seria indicativo da estruturação da linguagem pelo sujeito que produz o texto – de acordo com a convenção gramatical –, sujeito que domina e que manipula a sintaxe em benefício da sua expressão. Simulando uma impotência diante da convenção, em ambos os casos a ausência de vírgula materializa uma equivalência impossível porque compromete o enunciado, ainda que a favor da poesia como mimetização da realidade, haja vista que o sintagma "mil metros" não pode exercer a função de adjunto de "mim", a não ser que a expressão estivesse mediada por uma vírgula; ou ainda, uma oração que, não existindo no texto, funde o pronome objeto e sua predicação, como se pudessem ser uma única e mesma condição subjetiva, assim grafados no texto e sem paralelo na realidade, senão como uma figuração remota. A supressão da sintaxe, por seu turno, passa a ser equivalente da supressão do sujeito, que se vê dilacerado de si próprio, algo similar ao que vai acontecer com o verso: "meu retrato eu morto". Também aqui a falta de vírgula ou de verbo elide o sujeito ao objeto, de maneira que sua observação só parece visível por meio de um elemento exterior, anteriormente anunciado, que é o "telescópio" e que dá recurso ao objeto no qual o sujeito se reificou, sem mais remissão aos procedimentos linguísticos, senão por meio da representatividade supressiva dos significantes, entre os quais a sintaxe figura como uma ferramenta obsoleta e insuficiente, porque inacessível ao sujeito, tal como se apresenta ali.

A obsolescência da linguagem, ao passo que simula a representação de um sujeito que se quer moderno e observa a si próprio de fora, como se pudesse delegar sua expressão à matéria de que seu discurso se vale, cria uma nova modalidade expressiva, consoante a qual o paralelismo dos termos sobrepõe e sobrepuja as propriedades sintáticas que seriam referidas pelo aposto ou pela reiteração dos termos. Tal sobreposição insólita da linguagem, à proporção que sinaliza um procedimento moderno, indica um traço estilístico em processo, nem tão surrealista quanto se queria, nem tão cubista quanto se propôs, como bem observou Antonio Candido naquele primeiro momento da aparição poética de João Cabral, por meio do artigo "Poesia ao Norte".[5]

---

[5] Candido, 2002, pp. 135-142.

QUADRO II

OS TRÊS MAL-AMADOS (1943)

Ainda em 1942, quando publicara *Pedra do sono*, João Cabral de Melo Neto se transferiu para o Rio de Janeiro e, uma vez aí instalado, logo se integrou à vida cultural fluminense, sem desconsiderar a cadeia de relações para ingresso no Itamaraty – o Ministério das Relações Exteriores –, entre as quais podemos destacar alguns que vieram a ser seus críticos, posteriormente, a exemplo de Lauro Escorel, José Guilherme Merquior e Antônio Houaiss, mas que naquele momento já interferiram na sua publicação junto à *Revista do Brasil*, onde a peça *Os três mal-amados* originalmente veio a público em 1943. Cumpre insistir, pois, que existe um lapso inicial de dez anos entre a estampa inicial do texto e a sua primeira reedição em livro no volume *Poemas reunidos* (1954), pela Editora Orfeu, e depois no volume *Duas águas* (1956), pela Editora José Olympio. Portanto, se considerarmos o tempo de concepção da primeira publicação da obra *Os três mal-amados*, a referência é o ano de 1943; se, por outra via, considerarmos o tempo de sedimentação de sua leitura como um livro autoral autônomo encadernado em brochura para o leitor de poesia, então, a referência passa a ser os meados dos anos 1950. Convém referir, ainda, que entre uma data e outra, os traços expressivos do poeta mudaram muito significativamente, e sua recepção junto ao público, também.

Então, para alinhar a trajetória autoral, lembremos o seguinte: se no livro anterior (*Pedra do sono*) havia uma oscilação entre o nativismo recifense e o cosmopolitismo parisiense, agora tal oscilação vai ganhar outros contornos, até porque a referência a constar na epígrafe não é mais a de Stéphane Mallarmé, e sim a de Carlos Drummond de Andrade, a partir de uma brincadeira infantil que serve de base para o poema "Quadrilha". O movimento rasante que vai da altitude do simbolismo francês para o universo popular brasileiro resulta da assimilação poética da experiência infantil, oriunda de Minas Gerais, mas também presente em Pernambuco. Sem ser exclusividade de um estado ou de outro, a manifestação musical e dançante presumivelmente comporta o adjetivo de "brasileira" sem grandes esforços, sendo familiar a toda gente e servindo de fundo para a matéria composicional.

Para todos os efeitos, Carlos Drummond de Andrade, que tinha uma colocação, por assim dizer, tangencial na dedicatória do livro anterior, ganha uma centralidade explícita neste livro de agora, a ponto de não poder ser concebido sem a sua referência. Não só por alguns versos seus figurarem na epígrafe, mas por estarmos diante de uma obra que foi fiada a partir do enredo que se desprende da epígrafe. Trata-se, pois, de algo mais do que uma citação do lugar e do papel que o poeta mineiro exerce naquele momento criativo da obra de João Cabral de Melo Neto. É preciso lembrar, ainda, que o Drummond de 1943 é o poeta cuja literatura a ser considerada é a anterior ao livro *A rosa do povo* (1945). Portanto, apesar de ser um poeta já reconhecido, ainda estava longe de ser a unanimidade em que viria a se transformar logo depois. E é esse poeta meio torto que João Cabral vai eleger como parâmetro para engendrar uma composição de fôlego e de longa duração, a partir de um núcleo básico, que é um poema de seis versos, agora convertidos em seis personagens, das quais Cabral desenvolve somente três. Daí se impõe o caráter inacabado da composição cabralina, que se evidencia por uma ausência constitutiva: a voz das personagens femininas. Talvez pela dificuldade para o jovem poeta colocar fala na boca daquelas personagens, o livro foi finalizado como constava na primeira versão e assim ficou.

A obviedade a ser assinalada é que, embora Carlos Drummond de Andrade já constasse como uma referência incontornável para a poesia cabralina desde os poemas escritos anteriormente – quer nos refiramos aos reunidos em *Pedra do sono* (1942) ou em *Primeiros poemas* (1990), que reúne produção da década de 1930 –, é no livro *Os três mal-amados* que a figura do poeta mineiro adquire maior ressonância na lavra de João Cabral de Melo Neto, porque ali figura como autor da epígrafe e, mais do que isso, a epígrafe se converte em matéria de composição, como já se disse, a partir dos seguintes versos de "Quadrilha": "João amava Teresa que amava Raimundo / que amava Maria que amava Joaquim que amava Lili...", onde é cortada a citação do poema, que prosaicamente dispõe de outros versos que vêm a compor seu enredo, a partir do qual será desenvolvido o poema dramático de Cabral: "...que não amava ninguém. / João foi para os Estados Unidos, Teresa para o convento, / Raimundo morreu de desastre, Maria ficou para tia, / Joaquim suicidou-se e Lili casou-se com J. Pinto Fernandes / que não tinha entrado na história". O título drummondiano de "Quadrilha", ao mesmo tempo em que enuncia um traço infantil radicado na brincadeira popular, carrega porosamente a força da perversão, que enlaça infância e amor erótico não resolvido, donde salta o título de João Cabral *Os três mal-amados*: João foi aos Estados Unidos enquanto sua amada foi ao convento; Raimundo morreu de desastre quando sua amada Maria amava Joaquim; este, por sua vez, amava Lili, que não amava ninguém e se casou com J. Pinto Fernandes, que parece ser o único realizado e que, por isso, deve ter sido excluído do rol dos mal-amados, que são três das quatro personagens masculinas.

Aos três mal-amados, quando ainda estavam no poema de Drummond, correspondiam três mal-amadas, que não figuram na obra de João Cabral de Melo Neto, decerto por insuspeita insuficiência diante do modelo de criação imposto a si pelo jovem autor, que talvez não imaginasse, no princípio, tão difícil a tarefa de colocar falas na boca de personagens. Sim, porque, tendo sido elaborado o diálogo a partir das falas masculinas, a trama dramática deveria se desenvolver numa relação de alternância com as falas das três personagens femininas – como é próprio ao diálogo –, o que viria a ser reforçado nessa peça em particular para que se permitisse a visualização do rodízio amoroso, mimetizando a brincadeira infantil, notadamente no momento em que os casais trocam seus pares. Como se vê, não se trata de um exercício fácil e, ao que parece, se converteu numa empreitada demasiado laboriosa para o poeta de 23 anos, que, tendo programado uma tarefa técnica à beira do impossível, não vai se cansar de estabelecer limites longínquos para sua elaboração poética, dali em diante.

Não estranha que a obra tenha ficado inacabada, de acordo com o que confessara em carta, quando afirma dispor apenas da primeira parte da peça, a qual, comportando as falas masculinas, ficou sendo a obra toda, sem nos deixar saber qual seria a continuação, que nunca foi publicada e em que, provavelmente, deveriam constar as falas femininas, conforme o registro: "Aqui está a primeira parte do ato que tentei tirar de seu poema 'Quadrilha'. Lendo-a v. entenderá melhor aquilo que eu quis explicar ao telefone".[1] Em decorrência disso, a versão original que havia sido confiada a Drummond teve a resposta telegráfica e seguinte: "Aí vai sua 'Quadrilha', de que gostei tanto. Desculpe a demora. Acho que você deve continuar".[2] Fosse pela demora na resposta, de 19 dias entre uma carta e outra, ou pelo elogio lacônico, o fato é que João Cabral não a continuou e a obra ficou tal como está ainda hoje. Tal inacabamento deve ter

---

[1] Melo Neto, 2001, p. 187.
[2] Andrade, 2001, p. 188.

incomodado o estreante poeta sobremaneira, pois relutou em publicar a composição dramática o quanto pôde e só o fez sob instâncias do mais autorizado dos amigos, que era Antônio Houaiss, lexicógrafo já conhecido.

Diante do comentário, cumpre pensar a obra autoral como estando ocasionalmente pautada por certo inacabamento, que lhe vem a ser constitutivo, não por experimentalismo somente, e sim porque aquele tipo de experimentalismo sem correspondente formal definido era incapaz de enlaçar a insuficiência amorosa e a matéria popular infantil, cujas perversões vêm a ser condicionantes da inscrição verbal, a qual materializa algo que não pode ser consumado na vida cotidiana. Com isso, evidencia-se de um modo ainda mais impositivo a grande dificuldade de lidar com os artefatos e dispositivos que constituem a maquinaria poética, a considerar a relação intertextual e o estilo poético ainda incipiente. Tal como ficou, vejamos a insuficiência comunicativa ilustrada, conforme é verbalizada na boca daquele mal-amado, Joaquim, que consuma a sua idealização amorosa por meio do suicídio, e cuja fala é aqui dissociada das outras falas para que isoladamente possa adquirir maior representatividade no contexto autoral e consequente visualização analítica, conforme segue num fluxo único a totalidade de 11 falas:

JOAQUIM:
O amor comeu meu nome, minha identidade, meu retrato. O amor comeu minha certidão de idade, minha genealogia, meu endereço. O amor comeu meus cartões de visita. O amor veio e comeu todos os papéis onde eu escrevera meu nome. [...] O amor comeu minhas roupas, meus lenços, minhas camisas. O amor comeu metros e metros de fazenda, metros e metros de gravatas. O amor comeu as medidas de meus ternos, o número de meus sapatos, o tamanho de meus chapéus. O amor comeu minha altura, meu peso, a cor de meus olhos e de meus cabelos. [...] O amor comeu meus remédios, minhas prescrições médicas, minhas

dietas. Comeu minhas aspirinas, minhas ondas curtas, meus raios x. Comeu meus testes mentais, meus exames de urina. [...] O amor comeu na estante todos os meus livros de poesia. Comeu em meus livros de prosa as citações em verso. Comeu no dicionário as palavras que poderiam se juntar em versos. [...] Faminto, o amor devorou os utensílios de meu uso: pente, navalha, escovas, tesouras de unhas, canivete. Faminto ainda, o amor devorou o uso de meus utensílios: meus banhos frios, a ópera cantada no banheiro, o aquecedor de água mas que parecia uma usina. [...] O amor comeu as frutas expostas sobre a mesa. Bebeu a água dos copos e das quartinhas. Comeu o pão de propósito escondido. Bebeu as lágrimas dos olhos que, ninguém o sabia, estavam cheios de água. [...] O amor voltou para comer os papéis onde, irrefletidamente, eu tornara a escrever meu nome. [...] O amor roeu minha infância, de dedos sujos de tinta, cabelo caindo nos olhos, os sapatos nunca engraxados. O amor roeu o menino esquivo, sempre nos cantos, e que riscava os livros, mordia o lápis, andava na rua chutando pedras. Roeu as conversas, junto à bomba de gasolina do largo, com os primos que tudo sabiam sobre passarinhos, sobre uma mulher, uma marca de automóvel. [...] O amor comeu meu estado e minha cidade. Drenou a água morta dos mangues, aboliu as marés. Comeu os mangues crespos e de folhas duras, comeu o verde-claro das plantas de cana cobrindo os morros regulares, cortados pelas barreiras vermelhas, pelo trenzinho preto, pelas chaminés. Comeu o cheiro de cana cortada e o cheiro de maresia. Comeu todas essas cousas de que eu desesperava por não saber falar em versos. [...] O amor comeu até os dias ainda não anunciados nas folhinhas. Comeu os minutos de adiantamento de meu relógio, os anos que as linhas de minha mão me asseguram. Comeu o futuro grande atleta, o futuro grande poeta. Comeu as futuras viagens em volta da Terra, as futuras estantes em volta da sala. [...] O amor comeu minha paz e minha guerra. Meu dia e minha noite. Meu inverno e meu verão. Comeu meu silêncio, minhas dores de cabeça, meu medo da morte.[3]

---

[3] Melo Neto, 1954b, pp. 30-37.

No cotejo da primeira publicação da obra em brochura autoral – estampada em *Poemas reunidos* (1954) – com qualquer outra que esteja em circulação no mercado, percebe-se uma quantidade de rasuras na proporção quase exata de uma emenda por fala da personagem. Se não houvesse mais nenhum propósito na ilustração, ainda assim serviria para dimensionar o quanto o texto foi modificado pelo próprio autor, mesmo tendo demorado dez anos para se ter essa primeira reedição, ainda que sob alguma poda na reedição seguinte, em *Duas águas* (1956). Depois desta publicação, cumpre assinalar que o texto permaneceu sendo objeto de alterações, tendo sua fixação se dado somente em 1968, por ocasião da publicação das *Poesias completas*. Tal percurso dá bem a dimensão de que o reparo na fala daquela personagem, sem lhe ser uma exclusividade, leva o leitor de pronto ao raciocínio de que a obra como um todo está em processo, bem como a caracterização das *personas* grafadas no espaço da página, decerto movida por imoderada insatisfação do autor.

Mediante a leitura das falas dessa personagem, se não ficar evidente a dificuldade de entabular um diálogo a partir daí, ou, ainda, de as falas serem entendidas por meio de tal dificuldade, certamente valerá como demonstração da imensa capacidade autoral de tergiversar em solilóquios muito eficazes por si, mas que tampouco chegam a ser um monólogo, uma vez que não fazem remissão a um possível enredo que pudesse dar recurso à tensão dramática, que fica esvaziada de ações e peripécias que pudessem mover o andamento da peça. Mesmo assim, sem se estruturar dramaticamente, é notória a força expressiva do entrecho como inscrição poética que se prolonga nos torvelinhos de pensamentos, os quais, não por acaso, levam ao suicídio. Sem poder se comunicar com outras personagens, nem mesmo as masculinas, Joaquim se fecha em si mesmo, permanecendo o seu amor intocável ou inatingível. Difícil é imaginar a fala de outra personagem que desencadeasse um diálogo a partir daí, ainda mais considerando-se tratar de uma quadrilha, cujo suporte discursivo é uma realização poética nada desprezível, porque é a de Carlos Drummond de Andrade. Não estranha a pouca quantidade de montagens da peça, apesar de ter motivado críticos das mais variadas orientações estéticas a se pronunciarem a respeito da obra como prefiguração e condicionante de toda a obra futura de João Cabral de Melo Neto, a exemplo de Luiz Costa Lima em seu excelente *Lira e antilira: Mário, Drummond, Cabral*. Sem discordar da ideia, antes reforçando-a em sua generalidade, é preciso asseverar que o livro de João Cabral de Melo Neto, *Os três mal-amados*, tem uma particularidade poética que lhe é exclusiva e passa pela estruturação da fala das personagens, intercaladas entre si, sem figurar um enredo próprio, mas restringindo-se à menção do enredo anterior de que se vale. Logo em seguida, outro será o rendimento autoral em face da personagem clássica de Anfion noutro poema dramático, coligido na *Psicologia da composição com a Fábula de Anfion e Antiode* (1947), mas por ora detenhamo-nos na personagem destacada, a pretexto de análise.

As falas de Joaquim equivalem exatamente a um terço da peça – as falas são alternadas entre os três mal-amados, e cada personagem dispõe de 11 falas. Não havendo qualquer outra regularidade ao longo da peça, nem relativa à quantidade de versos – até porque está em prosa –, nem lexical – até porque as falas são variáveis em extensão e em intensidade –, a ideia de unidade ficará circunscrita às características das personagens, conforme a inventividade do autor, já que não havia qualquer indicação a esse respeito no poema de Drummond. Então, todos os méritos devem ser creditados a João Cabral quanto à caracterização das personagens, sem descurar do apuro vocabular, que se estende numa linha cursiva, porque pretensamente prosaica, mas de um vigor descomunal, como se viu no exemplo.

Tentando sintetizar suas pulsões fundamentais, para efeito didático, as personagens podem ser descritas assim: João é o idealista formal; Raimundo é o existencialista engajado; e Joaquim é o cético hesitante. Sendo necessariamente redutora, a síntese serve para colocarmos as personagens em perspectiva e as confrontarmos entre si, para algum rendimento da leitura. Não estranha, a partir desta primeira aproximação, que as outras duas personagens pareçam mais sedutoras e que sua apreciação tenha sido a tônica dominante de todos os críticos de quantos se voltaram para a apreciação da peça. Sem retirar o mérito da eleição de seu recorte, para especulação formal ou mimética, o deslocamento da focalização para a figura de Joaquim pode talvez nos oferecer algo mais proveitoso para o delineamento autoral, sob o ponto de vista biográfico ou enunciativo.

Afinal, Joaquim é quem perde o estado e a cidade para o amor, quando anota: "Drenou a água morta dos mangues, aboliu a maré. [...] Comeu o cheiro de cana cortada e o cheiro de maresia"; de igual modo perdeu seus remédios, receitas e exames; mais ainda, perdeu os livros de poesia, os livros de prosa e as citações em verso; para finalizar, Joaquim se perdeu como futuro grande atleta – o que remonta a atividades do autor quando residente no Recife – e futuro grande poeta, o que João Cabral foi cogitado ser, senão por ele mesmo, decerto por outros. Forjando a personagem a partir de si, promove uma descaracterização de tudo que poderia ser afirmativo: fosse pela experiência histórica acumulada, fosse pelos desejos e pelas sensações memorialísticas sufocados, fosse, ainda, pelas ambições malfadadas ou já descartadas. Todo o movimento da personagem é de se anular, de suprimir tudo que pudesse ser indicativo de uma vontade própria.

Como decorrência incontornável, as falas de Joaquim ganham força expressional imprevista, a que se deve sua ocasional ênfase e destaque no contexto de pronunciamento, que se cruza com os conflitos de João Cabral naquele momento expressivo, absorvendo seu derredor e se convertendo numa tonalidade estranha, apesar de contígua às demais. Tal estranheza fica evidente porque não seria o vetor expressivo mais facilmente reconhecível nas obras seguintes, conferindo a Joaquim um caráter, por assim dizer, acessório. Na contramão do que Joaquim enuncia, as obras seguintes seriam pautadas pela busca de um rigor formal inapreensível e inaudito nos versos luso-brasileiros – notadamente *O engenheiro* (1945) e *Psicologia da composição* (1947) –, bem como uma vontade irreprimível de absorver a realidade sob a bitola de uma nova literatura, ilustrada pelo "Tríptico do Capibaribe": *O cão sem plumas* (1950), *O rio* (1954) e *Morte e vida severina* (1956). Diante desses livros, o que se depreende da fala de Joaquim adquire papel secundário, até explodir na produção de maturidade do autor, sobretudo após *Museu de tudo* (1975).

Melhor dizendo, nas obras que se seguiram à escrita e à primeira publicação de *Os três mal-amados* não é fácil identificar a pulsão e a tonalidade expressiva assinalada na personagem Joaquim, o que só voltaria a ser cogitado pontualmente a partir de *Poemas reunidos* (1954) e *Duas águas* (1956), por ocasião das reedições do próprio livro *Os três mal-amados*, portanto dez anos e três livros após a edição *princeps* – a considerar que *O rio ou relação que faz o Capibaribe de sua nascente à cidade do Recife* havia sido publicado naquele mesmo 1954. Por outro lado, com a publicação do inédito *Paisagens com figuras* no volume *Duas águas* há a retomada daquele universo antes sufocado em referência social, em matéria representacional e em temática expressional, que apontam a um só tempo para o Pernambuco natal como depositário de uma memória afetiva, de conflitos pessoais perspectivados sob angulação inaudita e de hesitações irredutíveis a qualquer solução estética, à medida que só se realiza no espaço da página, sem remissão à realidade. Todo esse conglomerado de informações amplia e desdobra a tonalidade cética e algo fúnebre de Joaquim, que vai comparecer pontualmente na escrita autoral doravante, tendo ficado em suspensão por uma década.

QUADRO III
O ENGENHEIRO (1945)

Quando o livro *O engenheiro* veio a lume, em 1945, o poeta João Cabral de Melo Neto só tinha duas publicações: *Pedra do sono* (1942) e *Os três mal-amados* (1943), sendo este publicado em revista e não em livro. Em ambos havia a inscrição de Carlos Drummond de Andrade, fosse como dedicatória no primeiro caso, fosse, ainda, por meio das personagens masculinas decalcadas do poema "Quadrilha",[1] convertidas em epígrafe e em matéria de composição, no segundo caso. Por uma razão ou por outra, tanto pela reincidência quanto pela intensidade da interlocução, o poeta mineiro se converteu em padrinho de casamento e chave explicativa do poeta pernambucano, inclusive sob o viés psicanalítico, como se houvesse o sombreamento de um na poesia do outro àquela época e dali por diante, incontornavelmente.

Sob o ponto de vista historiográfico, não tinha como ser de outro modo, a considerar a centralidade que a poesia drummondiana adquiriu naquele momento – quando publicara *A rosa do povo* (1945) – e a proximidade afetiva e literária entre os dois autores. Sem ignorar os registros, passado algum tempo, é preciso referir a influência de outras sombras na poesia cabralina, até porque havia outras referências que se colocavam como enigmas ao leitor de João Cabral de então e hoje se nos parecem decifráveis, ainda que

---

[1] Andrade, 2001, p. 26.

consideremos aquela dedicatória onde Drummond ocupa função estelar: "A meu pai e minha mãe/ A Willy Lewin e Carlos Drummond de Andrade". Além do mais, a avaliação do desempenho estilístico que singulariza João Cabral de Melo Neto como sujeito social, histórico e poético ainda está por ser feita, e não de uma investida só, o que moderadamente será feito aqui a partir do paradigma "o engenheiro".

Pois, ainda que tomemos a mesma dedicatória de *Pedra do sono* como referência, ali onde a figura de Drummond paira incólume, sofre interferência pela contiguidade da dedicatória do também poeta Willy Lewin e, mais ainda, pela dedicatória aos pais do autor, imbricadas entre si, como marcas subjetivas na expressão autoral, conforme se verificará ao longo de sua obra, embora já estivesse sinalizada ali. O universo familiar, sempre presente, vai irromper com uma força descomunal na produção de maturidade, e a matéria literária, inscrita no nome daquele outro poeta e ensaísta pernambucano, vai se desdobrar numa quantidade de referências. Também por isso, convém aferir que, apesar da assimetria inconteste entre a literatura de Drummond e a de Willy Lewin, a aproximação desses poetas na mesma dedicatória só podia se dar por motivações distintas, sob a identificação da bitola expressional: a referência crítica e ensaística do Recife e a poesia de que se aproximara no Rio de Janeiro, cujo epicentro viria a ser Joaquim Cardozo, como uma possível síntese das vertentes anunciadas já antes e dali em diante para o complexo estilístico que podemos apelidar de João Cabral de Melo Neto.

Tendo a edição original de *O engenheiro* (1945) se esgotado, o livro foi reeditado por ocasião da publicação das coletâneas de livros *Poemas reunidos* (1954) e *Duas águas* (1956), portanto quando o autor já granjeava notoriedade no cenário nacional, a despeito de residir no exterior desde quando assumiu suas funções no Itamaraty, com curto interstício entre 1952 e 1954 no Brasil, quando publicara

O rio ou relação da viagem que faz o Capibaribe de sua nascente à cidade do Recife, premiado pelo júri do IV Centenário da Cidade de São Paulo, cuja banca julgadora para poesia também foi composta por Drummond, além de Antonio Candido e Paulo Mendes de Almeida, conforme consta na contracapa da edição original. Todo o comentário concorre para asseverar o cordão de influências exercido sob a centralidade da figura de Drummond, naquele momento seminal, que se acentua se lhe acrescentarmos a composição "C.D.A.", somente depois publicada, no livro *Primeiros poemas* (1990), mas com datação de escrita anterior à ida do pernambucano para o Rio de Janeiro, antes de conhecer pessoalmente o poeta mineiro, a quem venerava desde quando residente no Recife.

Tal influência logo foi percebida pelos leitores, a ponto de se converter em consenso crítico, muito justo, aliás, se considerarmos aquele momento específico na década de 1940. Acontece que, se pensarmos nas inscrições constantes na poesia de João Cabral em perspectiva, Drummond comparece em dois poemas, dois livros lhe foram dedicados e três versos drummondianos são tomados como epígrafe, no arco temporal que vai de 1938 – datação constante em *Primeiros poemas* – a 1945, quando *O engenheiro* é lançado. Depois disso, não existe mais nenhuma menção à obra ou à figura de Drummond nos versos de João Cabral, muito embora a reverência tivesse se mantido em inúmeras entrevistas, nas quais o poeta pernambucano não se cansava de dizer que o mineiro era o maior poeta do Brasil.

A informação interessa porque, sendo a reedição de *O engenheiro* feita por ocasião da publicação de *Poemas reunidos* (1954) e *Duas águas* (1956), naquele momento Carlos Drummond de Andrade já era um poeta reconhecido nacionalmente e, por consequência, a vinculação entre os dois poetas era fácil de se fazer, inclusive porque extensiva da vida para o verso. Menos fácil de associar a João Cabral era a obscura *persona* de Joaquim Cardozo, que não frequentava círculos literários, que era engenheiro por profissão e só fora publicado em livro quando o poeta mais jovem já estampava o *Psicologia da composição* (1947). Portanto, Joaquim Cardozo só se consumou como um objeto de culto público editado em livro posteriormente àqueles três volumes iniciais de João Cabral, nos quais o poeta mineiro figurava como referência central.

Depois de exibir o rosário de informações, se voltarmos à edição original de *O engenheiro* (1945), o efeito de leitura haverá de ser necessariamente outro. Não só porque a aferição do peso e da tonalidade das figuras ali mencionadas era feita por termômetros indisponíveis hoje, mas também porque aquela brochura tem particularidades gráficas exclusivas e porque outro era o João Cabral daqueles versos, muito diferente daquele que viria a se consagrar depois. Como primeira referência editorial, é preciso lembrar que o poema "A Carlos Drummond de Andrade" veio ali estampado, isoladamente, no espaço de duas páginas, entre as quais decorrem cinco estrofes de quatro versos, seguidas pelo poema "A Joaquim Cardozo", com o mesmíssimo espaçamento gráfico, incluindo a quantidade de estrofes e de versos, os quais, àquelas alturas, ainda eram polimétricos, consoante à expressão autoral vigente. Não houvesse mais nenhum elemento para fazer a associação entre os dois poetas homenageados, a disposição gráfica já seria o suficiente para inferir alguma equivalência entre os dois, a considerar o tratamento idêntico que lhes fora dispensado em poesia grafada no espaço da página. No poema dedicado a Drummond, destaca-se o refrão "Não há guarda-chuva", seguido pela anáfora isolada no verso "contra", como elementos composicionais que aludem à expressão cabralina em processo, mas ali já composta no contrafluxo da tradição mais frequentada, ao passo que no poema dedicado a Cardozo o destaque referencial fica concentrado na seguinte quadra:

A cidade que não consegues
Esquecer,
Aflorada no mar: Recife,
Arrecifes; marés, marezias.[2]

Contudo, se insistirmos na oposição do efeito que as duas leituras suscitam – tal como foram publicados os poemas, emparelhados – e se quiséssemos fazer uma distinção muito esquemática entre as duas homenagens, poderíamos dizer que, em uma, fica notória a influência formal de Drummond e, em outra, é explícita a referência geográfica à cidade natal do autor, como se não houvesse referência na forma nem a forma atravessasse a referência. Obviamente que a referência reiterada ao Recife solicitava já ali um tipo de formalização que passasse pela memória, assim como a forma eivada de prosaísmo se compatibiliza com o cotidiano recortado a contrapelo. De um modo ou de outro, a equação a ser resolvida por João Cabral de Melo Neto não tinha como ser fácil, fosse pelo envolvimento cotidiano, fosse ainda pela cidade que não conseguia esquecer, tal como acontecia com o outro em quem se espelhava e a quem vai eleger como modelo para o resto da vida, a considerar a duração e a intensidade da interlocução com Joaquim Cardozo, que interessa flagrar naquele momento primeiro, quando sua imagem, para Cabral, emula a de Drummond como um modelo a ser seguido.

Depois desse momento, a imagem de Cardozo vai vigorar com regularidade em toda a extensão da obra de João Cabral de Melo Neto, a qual progride diversamente década a década. Pela extensão da recorrência e a intensidade do impacto, Joaquim Cardozo foi o modelo que ficou registrado nos versos de João Cabral em um arco temporal e um conjunto de composições bem maior do que

---

[2] Melo Neto, 1945, p. 42.

qualquer outro. Como se vê, à medida que a obra se consolida, mais insidiosamente a influência de Joaquim Cardozo aparece, desde a dedicatória de *O cão sem plumas* (1950) ao poema "Cenas da vida de Joaquim Cardozo", acrescido posteriormente ao *Crime na calle Relator* (1987), tal como outras nove composições integradas àquele livro. Por ser o mais recuado no tempo, o poema "A Joaquim Cardozo" adquire, por seu turno, feição inaugural na interlocução entre os dois poetas, sobrepujando todas as demais interlocuções de quantas tenham sido objeto de análise para a interpretação da obra cabralina. Para seguir o roteiro de leitura, passemos primeiro pelo poema homônimo ao livro, porque remete, ainda que residualmente, ao engenheiro civil e sujeito social que foi Joaquim Cardozo, tal como o poema foi grafado no volume original.

O engenheiro

A luz, o sol, o ar-livre
Envolvem o sonho do engenheiro.
O engenheiro sonha coisas claras:
Superfícies, tênis, um copo d'água.

O lápis, o esquadro, o papel;
O desenho, o projeto, o número:
O engenheiro pensa o mundo justo
Mundo que nenhum véu encobre.

(Em certas tardes nós subíamos
Ao edifício. A cidade diária
Como um jornal que todos liam
Ganhava um pulmão de cimento e vidro.)

A água, o vento, a claridade,
De um lado o rio, no alto as nuvens
Situavam na natureza o edifício
Crescendo de suas forças simples.[3]

Conviria apontar para dois índices materiais da composição: a repetição da palavra "sonho" como substantivo e como verbo no presente do indicativo, que remetem ao livro de poesia anterior, *Pedra do sono*, onde o sonho corria livremente; e, entre os versos polimétricos, uma sutil predominância dos octossílabos, que passaram a vigorar a partir da década seguinte, notadamente nos livros *Uma faca só lâmina* e *Paisagens com figuras*, os quais só seriam publicados em *Duas águas* (1956), em meio a vários outros livros.

Vejamos, por isso, já agora o poema "A Joaquim Cardozo" em sua feição inaugural, porque adquire outras grafias sob o facho de outra luz na segunda e na terceira versões de sua estampa, com as respectivas emendas ao antepenúltimo verso.[4]

A Joaquim Cardozo

Com teus sapatos de borracha
Seguramente
É que os seres pisam
No fundo das águas.

---

[3] Melo Neto, 1945, p. 17.

[4] Cumpre referir que, dez anos após a publicação original do poema, o antepenúltimo verso sofreu alteração na publicação de *Duas águas* (1956, p. 132), onde consta como "que praticaste"; na década seguinte, por ocasião da publicação de *Poesias completas* (1968, p. 267-268), o mesmo verso se fixou como "que calculaste", que é como vigora nas edições em circulação no mercado.

Encontraste algum dia
Sobre a terra
O fundo do mar,
O tempo marinho e calmo?

Tuas refeições de peixe;
Teus nomes
Femininos: Mariana; teus versos
Medidos pelas ondas;

A cidade que não consegues
Esquecer
Aflorada no mar: Recife,
Arrecifes; marés, marezias.

Marinha ainda a arquitetura
Que sonhaste
Tantos sinais da marítima nostalgia
Que te fez lento e longo.[5]

A primeira observação a ser feita sobre o poema é a estruturação estrófica por versos octossílabos: a primeira, a quarta e a quinta estrofes são encabeçadas por um octossílabo, o que dá bem a dimensão de um estilo ainda cambiante e de uma obra em processo, de vez que a métrica só viria a se consolidar como traço de escritura na década seguinte. Vale ressaltar ainda a ocorrência do verbo "sonhar" referido a uma segunda pessoa do texto no pretérito, a quem o sujeito se reporta, ao mesmo tempo em que rememora o passado, descreve a cidade mediante um estilo de escrita que se confunde com aquela cidade e de onde se depreende certa percepção espacial,

---

[5] Melo Neto, 1945, pp. 41-42.

da paisagem marinha ou das experiências sensíveis que desperta – gustativa e táctil.

Conquanto a poesia de Joaquim Cardozo não tivesse alcançado a repercussão similar à de Drummond naquele seu primeiro momento no Rio de Janeiro, no Recife havia o reconhecimento de ser um grande poeta, mesmo antes de ter sido publicado em livro. E como Cardozo já houvesse travado conhecimento com Bandeira antes de 1925, por ocasião da publicação do *Livro do Nordeste* – onde figura como crítico da poesia bandeiriana –, não é ocioso imaginar um núcleo de poetas no Rio de Janeiro. Sendo um poeta admirado por poetas, Joaquim Cardozo constitui um perfil literário agudo, a considerar sua esparsa e espinhosa produção. O gosto de versejar com a matéria pernambucana, João Cabral confessou mais de uma vez, foi despertado e nutrido por Joaquim Cardozo, conforme aquele poema de *O engenheiro* (1945) já ilustrava e veio a ser reforçado na dedicatória de *O cão sem plumas* (1950): "A Joaquim Cardozo, poeta do Capibaribe". Afora a primazia que a figura de Joaquim Cardozo adquire ao longo da produção cabralina, já está delineada no livro *O engenheiro*, ao lado do poema dedicado a Drummond, a quem nunca mais será dedicado um verso, sendo aqueles os últimos. Ao contrário do que acontece com Joaquim Cardozo, cuja interlocução se fortalece a partir dali, já que se estenderá por toda a obra cabralina, inclusive após o falecimento do poeta-engenheiro. Mas como o que interessa agora é o primeiro registro da interlocução, é preciso repercuti-lo também como foi publicado em *Duas águas*, onde o poema ainda é grafado em simetria àquele "A Carlos Drummond de Andrade" na página anterior, de maneira que um espelha o outro na disposição gráfica, com a mesma quantidade de estrofes e de versos.

Ainda que ignoremos todas as variações gráficas, desde as maiúsculas iniciais que se tornam minúsculas, até a pontuação que sofre alteração de uma edição para outra, ainda assim, teríamos que parar numa emenda incontornável, porque muito reveladora do poeta que João Cabral quis ser antes e depois do livro paradigmático *O engenheiro*. Refiro-me ao antepenúltimo verso do poema "A Joaquim Cardozo", que na versão original constava "que sonhaste" e que depois passou a ser grafado como "que praticaste", para se fixar em definitivo como "que calculaste". Fazendo uma operação lógica, é bem razoável que um engenheiro faça algo mais do que sonhar, mas não no contexto da obra anterior, quando o sonho era uma dominante da obra de João Cabral, ainda que sob a influência de Cardozo também ali, mediante o "Poema do homem dormindo" – como se viu. Agora, que o poema "A Joaquim Cardozo" sofra essa alteração dez anos após sua publicação é indicativo de que algo mudou não só na versificação em curso, mas na própria caracterização que o autor queria para si, e o verso ilustra bem. Pois se um autor é aquele que é movido pelo sonho, outro haverá de ser quando tiver a prática como horizonte primeiro e outro, ainda, será aquele gerido pelo cálculo – tal como o verso viria a informar na edição seguinte. Ora, se o mesmo verso pode vir grafado de edição para edição como uma formalização variável de "que sonhaste", passando pela solução "que praticaste", para chegar à finalização de "que calculaste", reitera a obviedade necessária de que a obra não estava acabada em seu momento primeiro.

Diante de tais variações, fica evidente que estamos diante de um autor em processo de consolidação, e as alterações por que passou não estão sendo apreciadas pelo que declarou em entrevista ou foi dito a seu respeito, e sim pelo que se gravou no espaço da página, por meio daquilo que ocorreu com um mesmo verso, publicado diferentemente, e que remete a traços de sua expressão compatíveis com as circunstâncias biográficas e históricas, que se entrelaçam no emaranhado das publicações. Indiscutível e indisfarçável é que, alterando a predicação da arquitetura cardoziana, João Cabral acaba por indicar as mudanças pelas quais passou sua poesia no plano das ideias, que vai do onírico ao praticável, para chegar até o calculável. O primeiro salto da ideia gravada naquele verso, correspondente às publicações, tem a maquinação de pouco mais de dez anos, que separam a impressão de *O engenheiro* (1945) da de *Duas águas* (1956), cujo desdobramento só viria a ser desenvolvido na década seguinte, por ocasião das *Poesias completas* (1968), onde se cristalizou a terceira variação do verso. Trata-se apenas do acompanhamento de um verso do poema "A Joaquim Cardozo", mas que sintetiza em conceito duas décadas de prática poética, calculada e, por assim dizer, sonhada retrospectivamente.

De um modo ou de outro, fica registrado que a expressão escrita em versos a que podemos chamar de João Cabral não se fez de uma investida só, mas foi se transformando, não por um capricho individual de uma crise subjetiva, mas sobretudo pelo que ficou gravado no registro dos seus versos, os quais apontam para as tensões que podem ser enunciadas sob várias perspectivas de análise. Aqui o desempenho expressional está sendo tomado, pela disposição gráfica, como um indicativo do estilo em processo e, por consequência, da subjetividade literária ou poética que vai se consolidando à medida que suas obras vão sendo editadas e reeditadas, a menos que se congele a *persona* autoral como uma entidade definida desde a juventude até a maturidade, sem lhe conferir o direito a mudança, à revelia dos registros inclusive.

Tudo isso importa para que não tomemos a obra como produto de uma entidade previamente embalsamada, mas, ao contrário, como objeto de interesse público que é, capaz de sofrer alterações a partir também da interferência da comunidade de leitores, incluindo organizadores e editores, sobretudo aqueles norteados pelo entendimento muito simples de que a atualização da obra é devida à variação de leitura e de que, quanto maior a diversidade e frequência de leitores, tanto mais deixará a obra propensa a mudança de entendimento. Até porque a repetição da leitura invariavelmente conduz a novas perspectivas, que incidem sobre o artefato estético, mesmo quando extemporâneas ou refratárias à repercussão historiográfica.

A cidade que Joaquim Cardozo não consegue esquecer, informa o verso, é Recife. Também vale lembrar que a essa altura já fazia alguns anos que João Cabral residia no Rio de Janeiro, já devia ter começado a sentir saudade da terra natal – o translado para lá não era tão fácil nem comum, encontrando aí um termo parecido com o de Cardozo. Aqui já é possível enxergar um Cabral também melancólico, que se refugia na melancolia do outro, na qual se projeta e busca um meio de expressão adequada. A sucessão de nomes que apontam para a cidade – arrecifes, marés, maresias – parece querer tornar palpável, pela reiteração, locais e fenômenos que evocam o Recife, no que possui de concreto, de poroso e de sensível.

Na última estrofe do poema ecoam o vento, as pedras e a água da estrofe anterior, convertendo em marítima a nostalgia e marinha, a arquitetura. O fato é que o enunciado da estrofe nos leva a crer que tal nostalgia e tal arquitetura é que fizeram de Joaquim Cardozo "lento e longo". Curioso é que a adjetivação qualificativa de Joaquim Cardozo se assemelhe à que ele mesmo utiliza à larga, produzindo um efeito reflexo em termos sinuosos, correlatos, como é o caso de "lento e longo". Assim, o poema produz uma figura de linguagem incomum, na medida em que qualifica Joaquim Cardozo através de um par de adjetivos que não só dizem da pessoa dele, mas reproduzem adjetivos facilmente identificáveis na sua poesia, até porque identificamos o mesmo par de adjetivos em outros poemas cardozianos, a exemplo de "As alvarengas", "Olinda", "Tarde no Recife", "Aves de rapina". Vale lembrar, alguns desses poemas viriam a ser reunidos naquela *Pequena antologia pernambucana* (1948) editada por João Cabral e por ele conhecidos desde muito antes.

Se quisermos, por meio desse mesmo poema, dar vazão à influência da linguagem poética de Joaquim Cardozo sobre a de João Cabral, vale a pena tentar discriminar em termos métricos o que significa ser portador de "um verso medido pelas ondas". Poderíamos resumir o raciocínio dizendo que na poesia de Joaquim

Cardozo tanto há variação métrica que, repercutindo no significado do verso, amarra o seu sentido, quanto há manutenção do metro que, repercutindo diversamente no significado do verso, fecha seu sentido. Isso só quer dizer que Joaquim Cardozo faz um uso particular dos expedientes métricos, seja pela variação, seja pela manutenção do metro, produzindo na sua poesia uma relação indissociável entre métrica e sentido. Considerando que tal relação é possível e deve ser explorada, João Cabral também faz um uso muito particular da métrica. Daí podermos afirmar que João Cabral é um poeta para o qual a medida do verso existe como elemento dinâmico, a um só tempo, portador e criador de sentido.

De certo modo, aí reside outra assimilação de Joaquim Cardozo já naquele primeiro momento da produção de Cabral, quando o verso medido pelas ondas poderia reputar tão somente a diversidade métrica tensa da poesia cardoziana, mas é muito mais do que isso. Pois a variedade formal produzida por Cardozo não é simples recurso à liberdade expressiva, na medida em que institui uma modalidade métrica no seio da sua escritura que não se subordina a nenhum modelo anterior. Antes, cria um sistema próprio que ganha corpo no seu texto. Ao caracterizar uma modalidade métrica singular, particularizando-a na sua expressão, sem abrir mão do rigor próprio ao discurso poético, elabora algo muito parecido com o que acontece com João Cabral noutros termos e que sofre ininterruptas variações ao longo de sua obra, que se estende de 1942 a 1990, porque registradas reiteradamente nas reedições pelas quais passou como um bem simbólico, por terem sido publicadas como artefatos editoriais de interesse público.

QUADRO IV
PSICOLOGIA DA COMPOSIÇÃO COM A FÁBULA DE ANFION E ANTIODE (1947)

Como quer que se considere a autoria de João Cabral de Melo Neto, seja como autor de poemas ou de livros, a publicação de *Psicologia da composição com a Fábula de Anfion e Antiode* confere à sua lavra poética outro patamar de escrita na convenção literária. É bem verdade que a publicação do livro inacabado *Os três mal-amados* já indicava uma obra de fôlego em processo, e não somente uma coletânea de poemas. Acontece que agora a obra ganha outro vulto, tanto mais quanto se considere o equilíbrio nada comum entre o desenho do verso e o contorno tripartido da obra, com autonomia das partes do volume ou das obras entre si, como se queira. Sim, os versos de "Psicologia da composição" são compatíveis com o todo do livro; de igual modo, os versos de "Fábula de Anfion" só existem em conformidade à sua feição geral; tal como "Antiode" simula uma composição clássica às avessas, o que também se verifica verso a verso, conferindo uma integridade ao volume que justifica a grafia das três obras no título, especificando cada uma como parte do todo.

A totalidade do livro se comunica nas três partes compositivas, que, por sua vez, se desdobram nos respectivos versos, na condição de constituintes de cada uma das obras ali publicadas, em função das quais cada conjunto de versos tem um acabamento singular. Se isso vale para cada uma das obras, vale também pela interlocução das três partes entre si: a primeira, "Psicologia da composição", instaura uma reflexão sobre o fazer poético; a segunda, "Fábula de

Anfion", versa sobre quem faz a poesia em situação determinada, sendo Tebas o lugar; a terceira, "Antiode", se volta para a especulação do objeto constitutivo da poesia, a qual se revela por meio de uma forma clássica, ainda que a contrapelo. Em todos os casos, existe um investimento nalgum veio da tradição, que se atualiza, quer sejam as motivações da poesia, o sujeito responsável pela elaboração poética, ou mesmo que o entendimento da poesia advenha de seu elemento constitutivo – o verso e sua universalidade. Tratando-se de uma obra tripartite, é necessário eleger uma parte para sua apreciação analítica, mesmo considerando sua condição tríptica, que já foi designada por Benedito Nunes (2007) como "a poética negativa", a considerar seu ousado e agressivo investimento na negação da poesia, que é atualizada ali de modo imprevisto.

Ora, tamanho investimento estético só se torna possível como decorrência das tentativas anteriores, que, malfadadas ou bem-sucedidas, abriram espaço para a revelação de um sujeito discursivo absolutamente cônscio de suas possibilidades, graças às conquistas individuais e aos experimentos acumulados até ali por sua conta e risco. Sem descurar do desempenho atingido no nível do verso em cada uma das composições, passa a interessar a verificação do modo como se confeccionou o artefato que o livro vem a ser, como um todo constituído de partes inter-relacionadas, inclusive pela contiguidade da publicação, que guardam autonomia entre si. Desde então, o investimento artesanal do verso haverá de ser pontuado sempre pela correspondência com a composição e com o livro que lhe serve de suporte, entrelaçados como condicionantes do objeto artístico que foi posto em movimento por uma *persona* literária, a qual se equilibra em meio a suas contingências geográficas e sociais, ainda que sob o disfarce de uma figura clássica, quer se chame Anfion, esteja em Tebas ou toque flauta.

Tal operação somente se tornou possível devido a condições existenciais que se transferiram para as demandas editoriais e logo se gravaram na obra como traços autorais. A primeira observação a ser destacada é que João Cabral de Melo Neto adquiriu uma tipografia, que lhe permitiu se fazer editor de si mesmo, e esse foi o livro que inaugurou a sua prensa manual em 1947, quando já residente em Barcelona, em virtude do ofício diplomático. Portanto, sob o ponto de vista pessoal, o autor granjeara estabilidade material para a feitura das edições de sua obra ou de amigos e de simpatizantes, ainda que afastado da vida literária brasileira, o que lhe servia de lenitivo para a saudade do Brasil. Com isso, registra-se também significativa mudança em sua condição social, ainda que já fosse funcionário público no Departamento de Administração do Setor Público (DASP) antes de entrar na carreira do Itamaraty, a qual lhe ofereceu possibilidades antes impensáveis, tendo começado como vice-cônsul em Barcelona. Aí adquiriu sua prensa artesanal, a qual lhe obrigou a ter conhecimento específico sobre editoração, com desdobramentos imediatos na publicação dos livros que passaram pelas suas mãos, incluindo aí os de sua autoria – *Psicologia da composição com a Fábula da Anfion e Antiode* (1947) e *O cão sem plumas* (1950) –, como já havia sido observado desde o primeiro momento de consagração pelo seu colega de Itamaraty, Antônio Houaiss:

> Sim, porque João Cabral de Melo Neto, editado primeiro por subscrição, editado segundo por mecenato, foi, terceiro e quarto, pensado, escrito, composto e impresso por si mesmo em Barcelona – entre vagares consulares, tauromáquicos e catalânicos – por sua própria prensa – O Livro Inconsútil – inconsútil porque o poeta, em edições de exemplares limitados a algo como duzentos, não os quisera nem brochados, nem encadernados. [...] São os seguintes livros, de pequeno porte cada um: *Pedra do sono*, Pernambuco, 1942; *O engenheiro*, Rio de Janeiro: Amigos da poesia, 1945; *Psicologia da composição com a Fábula de Anfion e Antiode*, Barcelona, O Livro Inconsútil, 1947, e *O cão sem plumas*, Barcelona, 1950.[1]

---

[1] Houaiss, 1976, p. 204.

QUADRO IV

Note-se que na listagem dos títulos cabralinos feita no calor da hora pelo seu simpático leitor não consta o livro *Os três mal-amados*, a cuja publicação inicial o lexicógrafo fez as vezes de mediador junto à *Revista do Brasil*. Fosse porque aquela publicação não tivesse alcançado a notoriedade almejada, fosse porque o próprio autor não quisesse a peça entre suas obras, o fato é que o crítico, com quem ele convivia, achou por bem não fazer menção ao volume, talvez na esperança de que, posteriormente, o poeta retomasse sua escrita e desse acabamento ao esboço inacabado. O fato hoje consumado é que a obra veio a ser incorporada à lavra autoral, ainda que o filólogo, travestido de crítico especializadíssimo, não a tenha mencionado naquele momento primeiro, decerto sob instância do próprio autor. Perceba-se, ainda, a grafia do título na íntegra de *Psicologia da composição com a Fábula de Anfion e Antiode* – conforme estampa da primeira edição — como flagrante de ser obra única, constituída de três partes, e não de três obras numa mesma publicação, ainda que a parte intitulada "Psicologia da composição" viesse a ser timbrada no meio do volume e não no início, ao contrário do que consta no título – o que dá bem a dimensão dos experimentos que o autor, investido da simultânea condição de editor, quis fazer com a sua própria obra.

A esse respeito, é preciso enumerar ainda que, além de sua produção autoral, João Cabral publicou outros autores de poesia, a exemplo de Manuel Bandeira com *Mafuá do Malungo* (1948), Lêdo Ivo com *O acontecimento do soneto* (1948), Joaquim Cardozo com *Pequena antologia pernambucana* (1948) ou Vinicius de Morais com *Pátria minha* (1949), todos estampados pelo simpático selo de "O Livro Inconsútil", sob a chancela de sua editoração, inaugurada pelo volume de que ora nos ocupamos. A mudança de condição a um só tempo geográfica, social e artesanal permitiu ao poeta ser um pouco mais exigente consigo, o que o levou a ser daí em diante pouco mais do que um versejador ou fazedor de poemas, como atributivos de um poeta em consolidação junto ao público. A partir de então, entre seus atributos estavam o de pensar, o de conceber e o de produzir livros, o que foi feito muito a contento – como se vê – começando pela própria lavra, numa condição inaudita, inclusive porque incomum ao mercado editorial brasileiro da época, do qual estava distante e ao qual veio a reagir com um alto nível de experimentação estética, conforme se registra em cada volume sob sua editoração, a começar pelo livro pioneiro prensado ali.

Embora, no título, "Psicologia da composição" viesse estampado primeiramente, na ordem de apresentação da brochura temos a seguinte disposição: "Fábula de Anfion", com três partes, cada qual com mais de 50 versos; "Psicologia da composição", com 130 versos; "Antiode", com 128 versos. Então, a despeito da quantidade quase equilibrada de versos entre as três obras, "Fábula de Anfion" é a que reúne maior quantidade – com 150 – e talvez por isso seja a que antecede as demais na organização do livro. Como "Psicologia da composição" não vem no início da encadernação nem dispõe da maior quantidade de versos, é de se especular sobre o motivo de encabeçar o título, talvez devido a uma centralidade atribuída pelo autor naquela circunstância de publicação, a cujo miolo físico lhe fora destinado. Por isso, essa parte terá privilégio aqui sob o foco da apreciação, uma vez considerado o desempenho dos versos no todo, que se vê repercutido e delineado no seu núcleo compositivo que é a própria parte intitulada "Psicologia da composição".

Antes de informações textuais propriamente, algumas informações paratextuais: o livro é dedicado a Lauro Escorel, outro colega do Itamaraty com quem o autor manterá assídua e intensa correspondência no período de escrita do livro e que, posteriormente, se converterá em seu crítico, conforme se verifica notadamente por meio do livro *A pedra e o rio* (1973). Todavia, Lauro Escorel não será o único homenageado com a publicação do livro, pois, em seu interior, a segunda das oito partes de "A psicologia da composição" é dedicada a Lêdo Ivo, de quem era próximo desde quando estudante no Recife e com quem, tendo se transferido para o Rio de Janeiro, manteve amizade duradoura por décadas a fio, estando ele ao lado de João Cabral nos momentos mais difíceis, o que pode ser inferido do volume que reúne as cartas trocadas entre os dois sob o título de *E agora, adeus* (2007).

A epígrafe do livro é um verso decalcado do poema "El horizonte", do livro *Cántico* (1928), de Jorge Guillén, que sinaliza a vontade autoral de gravar em linhas nítidas um "Rigoroso horizonte", tal como está grafado na folha de rosto.

De antemão, cumpre informar que a exploração de estrofes fixas ou regulares, que já vinham sendo testadas desde *O engenheiro* (1945), livro imediatamente anterior, ganha maior recurso e colabora decisivamente para a tonalidade expressiva que se cristaliza no livro de agora, mesmo que ainda não de maneira definitiva, e sim como uma etapa formal de um estilo que está sob vigoroso processo especulativo. Em "Fábula de Anfion" constam seis quadras no universo de 46 estrofes – pouco mais de um décimo do total estrófico. Já "Psicologia da composição" tem 21 quadras no conjunto de 36 estrofes; ao passo que "Antiode" é toda estruturada em 32 quadras. Diante disso, se observarmos o livro linearmente em seu fluxo, sob o aspecto estrófico, perceberemos ali um processo gradativo de consolidação da quadra ao longo do volume. Em sua extensão, o início da obra se constitui da parte que, proporcional e efetivamente, tem menos quadras, até chegar àquela outra parte da obra constituída somente de quadras, passando pela parte intermediária, tanto no corpo físico do volume, como intermediária também pela quantidade de quadras que encerra cada uma daquelas composições.

Sem ser o primeiro momento em que o autor utiliza essa modalidade estrófica numa composição sua, cabe observar que "Antiode" é a primeira obra em que a quadra exerce função estruturante daquele veio expressional. Mas, mais do que considerar o uso de tal modalidade estrófica ali, importa flagrar esse momento cambiante em que a exploração formal vai se consolidando por meio da estrofe, até porque vai ganhar sistematização ainda maior em livros posteriores. Também por isso, convém que nos detenhamos em "Psicologia da composição", menos pela definição da quadra como um procedimento expressivo do autor do que pela quadratura geral que se vislumbra ali, considerando-se que essa obra é constituída de oito partes, entre as quais daremos ênfase à quarta e à oitava, para efeito de análise, começando pela quarta:

IV[2]

O poema, com seus cavalos,
quer explodir
teu tempo claro; romper[3]
seu branco fio, seu cimento claro[4]
mudo e fresco.

(O descuido ficará aberto
de par em par;
um sonho passou, deixando
fiapos, logo árvores instantâneas
coagulando a preguiça)[5]

---

[2] Toda essa parte "IV" bem como a parte "VIII" do livro *Psicologia da composição* foram extirpadas na edição da *Antologia poética*, publicada pela Editora do Autor em 1965. Aí o poema se compunha de sete partes, sendo a parte "III" dividida em duas, a saber, "III" e "IV".

[3] Esse verso foi grafado em *Poemas reunidos* (1954) como "seu branco fio, o cimento" e se repetia na linha seguinte, tendo sido alterado à forma vigente em *Duas águas* (1956).

[4] A partir de *Duas águas* (1956), o verso "seu branco fio, o cimento" tinha apenas uma ocorrência na quarta linha, tal como vigorou ainda em *Poemas escolhidos* (1963), livro publicado em Lisboa pela Portugália Editora, para se fixar na forma vigente em *Poesias completas* (1968), volume estampado pela Editora do Autor e reeditado pela José Olympio.

[5] Melo Neto, 2020, p. 90.

Dez versos distribuídos em duas estrofes poderiam constituir por si sós um poema, se não fizessem parte de um organismo maior que versa sobre o próprio fazer poético e que aqui se ilustra em miniatura no próprio poema. Poema portador de cavalos e de cimento, que querem explodir e romper o tempo claro. Curioso aí mesmo é a ocorrência do possessivo na segunda pessoa, que chama um "tu", a quem se dirige o poema, possivelmente o leitor. Se for o caso, é o tempo claro desse leitor que o poema quer explodir, obscurecendo-o; justamente ali onde se radica seu cimento mudo e fresco, possivelmente a criação ainda informe. Como uma imagem invertida do poema – marcada pelo uso dos parênteses –, "o descuido" se apresenta sempre aberto, invariavelmente. Paralelo ao descuido há o sonho, que logo se converte em árvores como em filtros para coagular a preguiça. Simétricos entre si, os enunciados das duas estrofes se opõem, como se a primeira estância fosse o polo positivo (o poema) e a segunda estância, o polo negativo (o descuido), que vai encontrar explicação na formulação da parte que lhe é simétrica e opositiva.

VIII

Cultivar o deserto
como um pomar às avessas.

(A árvore destila
a terra, gota a gota;
a terra completa,
cai, fruto!

Enquanto na ordem
de outro pomar

a atenção destila[6]
palavras maduras.)
Cultivar o deserto
como um pomar às avessas:

Então nada mais[7]
destila; evapora;
onde foi maçã
resta uma fome;
onde foi palavra
(potros ou touros
contidos) resta a severa
forma do vazio.[8]

Nessa parte do poema, dispomos de 20 versos em seis estrofes, sendo o refrão em dístico – dois versos, ou parelha –, que estruturam a ocorrência de duas quadras, simétricas entre si. A reduplicação da quarta parte na oitava por meio do nível estrófico replica também o enunciado antes lançado: os quadrúpedes – antes cavalos – voltam sob a forma de potros ou na variação de touros. O descuido e seu ancoradouro na preguiça agora são contraditos pelo cultivo do pomar, ainda que às avessas, enfatizando a demanda de mais trabalho, sob a reiteração do estribilho. De igual modo, existe um espelhamento por meio dos parênteses, que antes vinham como possível imagem invertida, para fazer as vezes de explicação; agora os parênteses vêm como condição a impulsionar o discurso, contrário à natureza

---

[6] Esse verso foi grafado inicialmente como "destila o tempo", tal como vigorou até *Duas águas* (1956), tendo sido alterado à forma vigente em *Poesias completas* (1968).

[7] Esse verso foi grafado inicialmente como "o tempo não mais", tal como vigorou até *Duas águas* (1956), tendo se fixado à forma atual em *Poesias completas* (1968).

[8] Melo Neto, 2020, p. 92.

em pulsação, cujo resíduo, qual síntese, é a severa forma do vazio, justamente ali onde houvera uma palavra. Convém lembrar que a palavra "tempo", constante nas primeiras edições desse poema, no nono verso foi substituída pelo vocábulo "atenção", ao passo que no verso 13 o significante "tempo" foi substituído pelo "nada".

Em termos de formulação racional, talvez aqui o poeta tenha encontrado uma solução para seu rendimento textual, pois, se antes havia a perseguição de termo correlato à sua expressão individual, quer quiséssemos radicá-la no sonho, no sono, em Recife ou no amor, após *O engenheiro* (1945), um vocabulário concreto, que aponta para a cristalização do estilo ou para a crueza gráfica do mundo, haverá de pautar a tônica expressiva de João Cabral de Melo Neto, tal como podemos identificar ali por meio de palavras recorrentes, a exemplo de "carvão", "lápis" e "tinta" – condicionantes expressivos; "morte", "mulher" e "flor" – condicionantes mundanos; "poesia", "poema" e "poetas" – condicionantes metalinguísticos. Combinados, esses vocábulos oferecem uma imagem reiterada de algo como uma síntese lexical, desdobrada na "Antiode", que se contrapõe e contrapropõe a "A pequena ode mineral" de *O engenheiro*, como "A fábula de Anfion" abstrai em chave clássica os conflitos composicionais de quem canta uma cidade, ocasionalmente travestida de Tebas. Num sentido diverso da experiência mundana, também adversa, agora aparecem "os cavalos", "potros" ou "touros", que querem explodir no poema. Uma afirmação de Othon Moacyr Garcia pode servir de explicação sobre esse uso vocabular de João Cabral de Melo Neto:

> Ora, aquele ímpeto de criar – "cavalos" ou "potros" – que assalta o poeta provoca-lhe tal inquietação, tal desassossego, que ele se vê não apenas tentado mas realmente forçado a romper as amarras tradicionais da linguagem disponível. Sente que é preciso, imperioso mesmo, "povoar" o deserto da página branca para libertar-se. Só o milagre da palavra criadora, da eloquência verbal na arquitetura do verso pode construir a

imagem dos seus sonhos e conflitos, libertando-o de suas aflições, numa espécie de catarse.[9]

Não se tratando da catarse na sua acepção convencional, tal como foi descrita por Aristóteles, a espécie de catarse aludida prevê a identificação do sujeito com o objeto que ele mesmo produz, e não com outra subjetividade convertida em personagem. O objeto que promove a identificação não é, por conseguinte, uma figura decalcada do texto, mas o rendimento textual em si, no seu espelhamento entre o rabisco da página e o branco do papel, que fática e enfaticamente reclama a atualização do código verbal, a se materializar em novas palavras, não necessariamente em neologismos, mas certamente em usos imprevistos, que deem nova disposição para a linguagem, por meio da elaboração artística, cuja identificação é inapelável e justifica seu insulamento discursivo, sob ocasional acusação de hermetismo de que é objeto. Aí mesmo a palavra do crítico é providencial para o entendimento vocabular da poesia de João Cabral de Melo Neto:

> O desejo de ser preciso e exato é tal, que ele se vê forçado a servir-se de um instrumental linguístico em condições nem sempre ortodoxas. A busca da imagem autêntica e eficaz leva-o ao sofrimento na escolha do vocabulário tanto quanto na articulação da frase. Se o propósito é encontrar a expressão precisa e legítima, urge recorrer a um sistema de símbolos verbais que evite, tanto quanto possível, a desfiguração da ideia. Essa necessidade de exatidão, precisão ou agudeza leva-o ao emprego de vocábulos predominantemente concretos, vocábulos que, já por si mesmos, vêm com uma carga tal de nitidez, de eficácia evocadora tão inconfundível, que, pela simples presença no verso, bastam para catalisar o complexo de impressões, que o poeta procura traduzir em linguagem.[10]

---

[9] Garcia, 1996, p. 188.
[10] *Idem*, p. 200.

Por se tratar de afirmação de um oficial da lexicografia, vale a pena ressaltar que, em sua visualização daquela poesia, o emprego de vocábulos concretos serve à necessidade de exatidão e de agudeza, para evitar a desfiguração da ideia, a qual se vê atualizada no uso imprevisto do significante, que não suporta mais o sentido anterior e serve de ancoradouro inconfundível para uma nova significação; esta, sem ser supressiva das anteriores – tanto a que ele vinha experimentando quanto as tradicionalmente inscritas na palavra –, solicita um novo tipo de compreensão e, por conseguinte, uma nova disposição do leitor.

QUADRO V

O CÃO SEM PLUMAS (1950)

Tendo sido bem-sucedida a empreitada de se converter em editor de si mesmo, João Cabral de Melo Neto expande o caráter experimental de *Psicologia da composição com a fábula de Anfion e Antiode* (1947) em *O cão sem plumas* (1950), que bafeja um sopro original à sua poesia e lhe dá novo fôlego. Se antes havia o intento de fazer poemas longos, vide o desmembramento de "Psicologia da composição" em "Fábula de Anfion" e "Antiode", agora um poema vai ser o livro todo, cujas partes integram um discurso sobre o Capibaribe, que passa a ser a matéria dileta aos seus princípios de composição. Ali, na parte "Fábula de Anfion", a cidade do Recife se abstraía metaforicamente em Tebas, referência clássica e ambientação para o som da flauta de Anfion, que erige entre pedras a cidade desejada. No livro de agora, a cidade é representada metonimicamente pelo rio Capibaribe, cujo fluxo margeia as casas à sua beira, conferindo-lhe propriedades domésticas, assemelhando-o a um bicho da família, donde o epíteto de "o cão sem plumas", não um cão qualquer, pelo uso do artigo definido no título, que deixa claro se tratar daquele cão e não de outro.

Ocorre, portanto, uma viragem expressiva que passa do plano metafórico da cidade ilustrada por Tebas para o plano metonímico da cidade ilustrada pelo Capibaribe, onde deságuam outros rios que atravessam o Recife – notadamente o Beberibe e o Tejipió. Para além do Recife, o Capibaribe se expande em outras cidades e freguesias, confundindo-se com o espaço geográfico do estado, mais do que da cidade, representando por isso o Pernambuco todo, até porque se irmana à sua história. Não estranha, pois, que tenha sido o objeto escolhido pelo poeta, pelo consenso que desperta. Ciente disso, é sob seu fluxo que o autor deságua suas memórias e sensações, logo convertidas em matéria de representação.

Cumpre realçar, por conta disso, a dedicatória de *O cão sem plumas* conforme consta na edição *princeps* em três linhas distintas: "A/ JOAQUIM CARDOZO/, poeta do Capibaribe", em letras excepcionalmente garrafais, constantes numa edição com tiragem de uma centena de exemplares e pautada pela grafia discreta e equilibrada, de página a página. Sob o influxo da dedicatória, explicita-se que, antes de João Cabral de Melo Neto, havia outro poeta devoto daquele rio como símile, ícone e eco do estado que atravessa e representa. João Cabral tinha editado há pouco tempo a *Pequena antologia pernambucana* (1948) de Joaquim Cardozo, por meio de seu selo, O Livro Inconsútil. Urge referir que Joaquim Cardozo só tinha se convertido em autor de livro quando da publicação de *Poemas* (1947), com o prefácio de Carlos Drummond de Andrade e ilustrações de Luís Jardim. Antes disso, porém, o confrade havia figurado na obra de João Cabral por meio do livro *O engenheiro*, já ali sob a designação de alguém plenamente identificado com a cidade natal.

Uma vez estabelecida a identidade entre o rio e o Recife, é como se aquela cidade litorânea fosse frequentada diariamente pelo Capibaribe, que, oriundo do Agreste, passa por cidades e propriedades pernambucanas, muitas das quais pertenceram ou pertencem a familiares de João Cabral de Melo Neto, inclusive os mais próximos, a exemplo de seu avô materno, tal como ele recorta do Recife sua história e narra em vários poemas em torno da propriedade da Jaqueira – que hoje nomeia um bairro e um parque na cidade –, conforme consta no poema "Autobiografia de um só dia", publicado posteriormente no livro *A escola das facas* (1980).

Interessa, por isso, vislumbrar o percurso que vai da projeção do estado reduplicado na cidade, estendendo-se ao longo do rio e do rio para o espaço residencial, que permite sua domesticação, tal qual um bicho doméstico qualquer, possivelmente um cão. O jogo de associações agudas que já havia sido encenado no livro anterior, notadamente em "Antiode", no qual se especula acerca das propriedades poéticas e de sua aproximação com a flor, agora é atualizado já no título da obra e repercute intensamente no interior do livro, que ora se apresenta como novidade e consagra a autonomia expressiva de João Cabral de Melo Neto na poesia, em que podemos flagrar a construção de um estilo absolutamente inusitado e incomum nas letras luso-brasileiras, mesmo que consideremos somente os poemas ou os livros publicados até ali.

Para insistir ainda uma vez em elementos paratextuais, cumpre informar que naquela edição primeira, quando o autor fazia as vezes de editor de si mesmo, ao enumerar as obras "DO AUTOR", conforme a informação da contracapa, no rol da "poesia" constavam *Pedra do sono*, *O engenheiro* e *Psicologia da composição*, nesta disposição, sem fazer qualquer referência a *Os três mal-amados* (1943), que antecede as duas obras imediatamente anteriores a *O cão sem plumas*, ao passo que no rol do "ensaio" constava a menção ao livro *Joan Miró*, publicado naquele mesmo 1950. Como está descartada a hipótese de qualquer interferência alheia, uma vez que a editoração e a impressão ficaram a cargo do próprio autor, a ausência do registro da obra teatral na edição revela o intento autoral naquele momento, dado que a obra somente voltou a ser estampada em *Poemas reunidos* (1954) e, dois anos depois, em *Duas águas* (1956), onde figura entre os poemas para serem lidos em voz alta. O silêncio de dez anos sobre aquela publicação de 1943 nos leva a crer que, até a reunião de toda sua poesia, João Cabral de Melo Neto não queria ser identificado como o autor de *Os três mal-amados* ou preferia ser reconhecido como ensaísta, ilustrado pelas litografias do pintor catalão que nomeia sua obra *Joan Miró*. Cumpre referir ainda que naquela edição original o livro *O cão sem plumas* tampouco seguia a divisão em quatro partes, o que só veio a constar na sua reedição quatro anos depois, sob o título geral de *Poemas reunidos*, ainda que não constasse no "Índice" das obras ali coligidas.

A partir de então, o livro *O cão sem plumas* ficou dividido em quatro partes: I – Paisagem do Capibaribe; II – Paisagem do Capibaribe (Continuação); III – Fábula do Capibaribe; IV – Discurso do Capibaribe. Como o rio aqui mimetizado tem um fluxo próprio, fica difícil saber de imediato o que é alterado e o que é mantido em relação às conquistas formais anteriores, até porque cada parte do livro tem uma pulsação própria, tanto pelo desempenho lexical, que encena um agudo e tenso padrão vocabular, quanto pelas figuras de linguagem surgidas ou radicadas aí e que se embaralham na visão do leitor. Leitor esse que fica sem saber ao certo como proceder à leitura ou extrair algum proveito das sequências de imagens, que se precipitam umas sobre as outras num lance retórico de difícil definição, mas que provocam alguma satisfação aos olhos e aos ouvidos.

A pretexto de radicar a análise em significantes palpáveis, destacam-se algumas palavras que se repetem ostensivamente, sendo as que mais se repetem "cão" e "rio", na condição de substantivos estruturantes do discurso, uma vez que se equivalem semanticamente na composição, mas discrepam no número de incidências. A palavra "cão" – com sua variação de plural e com o seu sinônimo de "cachorro" – acumula 20 ocorrências, ao passo que o vocábulo "rio" – com sua variação de plural – chega ao dobro da cifra, atingindo 39 reiterações. Curioso mesmo é que o adjetivo "espesso", aplicando-se indiscriminadamente a vários substantivos – com sua variação de gênero e de número –, seja equivalente em ocorrências ao substantivo "cão", conduzindo-nos por dedução à ideia vaga de que "O cão é espesso". Ainda que não façamos maior proveito da informação, fica a sugestão de uma equivalência assimétrica entre o rio e sua conversão em bicho, tornada simétrica entre o bicho e o predicativo que lhe confere substância. Senão, vejamos trechos da segunda e da quarta partes do livro em que a palavra "espesso" e suas variações aparecem, começando por uma passagem da segunda, "II – Paisagem do Capibaribe (continuação)", destacada da edição de *Poemas reunidos* (1954), em que *O cão sem plumas* acumula mais de 30 emendas lexicais – incluindo aí acréscimo de versos – e quase 30 emendas sintáticas em relação à edição *princeps*. Não sendo ainda a fixação definitiva, aquela edição de 1954 será a utilizada aqui para dimensionar a obra em processo, a qual só veio a se cristalizar em *Poesias completas* (1968), passando por algumas ligeiras modificações em *Duas águas* (1956).

§ Entre a paisagem
o rio fluía
como uma espada de líquido espesso.
Como um cão
humilde e espesso.[1]

Assim colocado o enunciado, tudo parece lógico: o líquido do rio fluía e era espesso como uma espada, espesso como um cão humilde através da paisagem. Óbvio está que tal associação só será feita mediante a aceitação de que o rio e o cão acionados são idênticos e um só, mais do que equivalentes entre si, o que será explorado poeticamente ao longo do livro, até chegarmos a essa parte. Difícil mesmo é acompanhar a significação que o adjetivo "espesso" adquire daí em diante, até porque a espessura que anima o rio jamais será próxima da espessura que se associa a um cão, ainda que animizado em rio. O enigma de tal associação somente será desvendado

---

[1] Melo Neto, 1954b, p. 112.

lexicalmente na quarta parte, "Discurso do Capibaribe", quando o adjetivo volta a comparecer na composição e ganha propriedades exclusivas, não de todo concebíveis na língua portuguesa até então, como se vê:

§ Como todo o real
é espesso.
Aquele rio
é espesso e real.
Como uma maçã
é espessa.
Como um cachorro
é mais espesso do que uma maçã.
Como é mais espesso
o sangue de um cachorro
do que o próprio cachorro.
Como é mais espesso
um homem
do que o sangue de um cachorro.
Como é muito mais espesso
o sangue de um homem
do que o sonho de um homem.

§ Espesso
como uma maçã é espessa.
Como uma maçã
é muito mais espessa
se um homem a come
do que se um homem a vê.
Como ainda é mais espessa
se a fome a come.
Como é ainda muito mais espessa
se não a pode comer
a fome que a vê.

§ Aquele rio
é espesso
como o real mais espesso.
Espesso
por sua paisagem espessa,
onde a fome
estende seus batalhões de secretas
e íntimas formigas.

§ E espesso
por sua fábula espessa;
pelo fluir
de suas geleias de terra;
ao parir
suas ilhas negras de terra.

§ Porque é muito mais espessa
a vida que se desdobra
em mais vida,
como uma fruta
é mais espessa
que sua flor,
como a árvore
é mais espessa
que sua semente;
como a flor
é mais espessa
que sua árvore,
etc. etc.

§ Espesso,
porque é mais espessa
a vida que se luta
cada dia,

o dia que se adquire
cada dia
(como uma ave
que vai cada segundo
conquistando seu voo).[2]

Por meio do conjunto de significações que a palavra "espesso" adquire, menos pela sua variação de gênero e de grau, do que pela semântica que engendra e absorve, o poeta expande a descrição da palavra, como poderia ser feita por um verbete que atualizasse e renovasse seu sentido, em um mecanismo próprio e singular à poesia, que atingiu alto grau de *performance* aqui. O sentido daí decorrente não está fechado, posto que sua desestabilização venha a ser uma marca expressiva que o autor grava no vernáculo como um traço particularmente seu, sem lhe ser exclusivo ou redutível a seu uso, embora decorrente de uma aplicação e de um desempenho particular no código verbal.

Se reconhecer tal movimento na linguagem implica atribuir alguma função à poesia, é preciso reconhecer também que tal nível de especulação e de acabamento verbal só se tornaram possíveis devido à existência de um sujeito singular, empenhado e determinado em fazer do seu repertório sensível algo que encontrasse recurso na língua portuguesa. Na falta de uma descrição melhor, podemos dizer que o autor desenvolveu ou inaugurou um estilo, sem parecer exagerado que ele expandiu a gramática lexical e sintaticamente. Aliás, a ruptura com a previsão ou prescrição gramaticais é que nos permite a visualização de um estilo próprio, nem tanto pela adequação imprevista às regras já existentes, mas pela sua expansão do sistema representacional, que se nos apresenta cindido na fusão entre o significado e o significante, e cuja significação fica aberta, sem

---

[2] Melo Neto, 1954b, pp. 123-126.

o amparo de uma designação semântica segura. Os significantes que estavam disponíveis antes, e que ainda permanecerão disponíveis, agora nos permitem a consideração de que existe um estilo João Cabral de Melo Neto, porque independe de reconhecer uma palavra nova, afirma-se mais pelo novo uso que reconhecemos possível a formas verbais existentes, e que agora se afinam e se desprendem do vernáculo pelo uso que ele nos mostrou possível. Tendo sido fruto de uma árdua conquista para ele, deixa de ser apenas sua quando transformada em bem público, conforme outro leitor já havia observado.

> São o rio e o homem assim confundidos que contrastam, na "Fábula do Capibaribe", com a imagem oposta, de coisa limpa e lavada, branca e pura do mar, que aparecerá, em função de novas variantes introduzidas no molde descritivo inicial, como uma espécie de ideal utópico de renovação. Invadidas pelas águas do mar que apenas as lavam de suas impurezas e depuram-lhes as excrescências, as do rio se contraem, num adensamento resistente, que converte a negatividade de sua condição numa força contraditória, de fruta que amadurece ou de luta que começa. É a última variação, já agora com o termo "fruta", que substitui o "rio", por sua vez suplente de "cão", nas relações de trespassamento estabelecidas pelo grupo de equivalências.[3]

Sem dispensar o efeito retórico da poesia, ao formalizar o verso ou a estrofe nunca está em jogo o acabamento da imagem, que permanece sempre a pique de ser impregnada pela semântica dos termos a serem associados na relação de contiguidade que lateja ali, onde os vocábulos se fazem entrelaçadamente intercambiáveis.

---

[3] Nunes, 2007, p. 49.

A proximidade de termos díspares e antes desconexos mais reforça a potência comunicativa do que limita a expressão. Tudo isso nos leva de volta ao sentido proposto, que não se esgota na metáfora presumida, mas se expande na sobreposição de termos que solicitam outros equivalentes. A matéria em descompasso com a humanidade desejada não enseja um acabamento formal, que é rejeitado mais por improcedência do que por preciosismo, e que, por seu turno, nos evidencia a incompatibilidade de princípios, os quais antes exigiam outro grau de associação e agora, sem mais vinculação previsível entre os termos correlatos, ficam desagregados pela distância ou pela dissonância constituída no curso do verso ou da frase. Por incrível que pareça, brota daí um novo princípio de composição.

QUADRO VI
O RIO OU RELAÇÃO DA VIAGEM QUE FAZ O CAPIBARIBE DE SUA NASCENTE À CIDADE DO RECIFE (1954)

Em 1954, quando foi publicado *O rio ou relação da viagem que faz o Capibaribe de sua nascente à cidade do Recife*, João Cabral de Melo Neto havia dobrado a casa dos 30, era pai de três filhos e já tinha ocupado postos diplomáticos importantes, além de ter sido editado em cinco livros de poemas e feito as vezes de editor de Manuel Bandeira e Lêdo Ivo, Joaquim Cardozo e Vinicius de Morais – em português – e, além desses, de vários outros poetas brasileiros – em espanhol. O sujeito social entendido como pai de família, autor, tradutor ou editor já estava consolidado na vida cultural brasileira, sem ter garantia de sossego, de sustento ou de sucesso literário. Tendo sido afastado de suas funções diplomáticas sem vencimentos – em virtude de querelas políticas –, desprovido de seu salário, o sujeito social João Cabral de Melo Neto teve de se haver com outras habilidades para obter remuneração, entre as quais estava a de escrever. Daí sua eventual colaboração em jornais da época, a despeito de sua principal fonte de renda ter sido a premiação do concurso de poesia do IV Centenário da Cidade de São Paulo, ao qual submeteu *O rio ou relação da viagem que faz o Capibaribe de sua nascente à cidade do Recife*, escrito em 1953 e publicado em 1954, depois de quando João Cabral foi reintegrado ao serviço público e teve seus proventos de volta, não sem antes passar por tumultuada batalha judicial que se arrastava desde 1952.

QUADRO VI

O comentário importa para dimensionarmos as circunstâncias que propiciaram sua escrita, bem como a publicação do livro, que talvez seja aquele que mais absorve condicionantes da vida do escritor, com vasta repercussão na sua obra, a considerar o acabamento editorial de que foi objeto. Tudo isso ganha relevo e interesse à medida que consideramos as circunstâncias de escrita e de publicação dos livros anteriores, em Barcelona, onde o autor exerca o cargo de vice-cônsul, e sob sua própria chancela, timbrada pelo selo O Livro Inconsútil, por meio do qual gravou *Psicologia da composição* (1947) e *O cão sem plumas* (1950). Sendo fruto de premiação, e em meio a situação adversa, a publicação de *O rio* tem feição distinta de quando o autor se investia da tarefa de editor, porquanto incorpora na sua encadernação algo da experiência existencial acumulada até aquele momento. Notadamente a transição de editor para poeta editado repercute na disposição gráfica do livro *O rio*, que manteve algo já experimentado nas publicações anteriores, quando João Cabral se dividia entre as funções de editor e de autor, marcadamente na disposição gráfica das páginas. A ausência dos números de páginas como que obriga o leitor a fazer a leitura num fluxo único ou a percorrer o texto de acordo com disposição própria, sem necessariamente se pautar pela sequência numérica.

Ora, a falta de números nas páginas conduz o leitor a fazer um percurso não retilíneo, se linear, pelo simples fato de que, se quiser voltar a uma página anterior, haverá de fazê-lo por meio de outros recursos que não o da numeração. Acresce a isso que, a despeito da regularidade da distribuição de 16 versos por página, o rumo da leitura segue curso similar ao do rio abordado e absorve o leitor de modo imprevisto. Pois, desprovido de paginação e de estrofação, o acompanhamento dos versos que descrevem o curso do Capibaribe fica a cargo de indicações marginais, que ladeiam o fluxo da narrativa, o qual se distribui em grupos de 16, de 32, de 48, de 80 e de 96 versos. Toda e qualquer divisão ali será múltipla de 16 versos, que é o número invariável de linhas por página naquela primeira publicação, decorrente do concurso, e somente ali.

Assim, ao mesmo tempo que a indicação constante ao lado direito da página marca no texto passagens da geografia que margeia o rio, serve também de repartição do livro, como se houvesse uma demarcação da paisagem correspondente à distribuição dos versos, que totalizam 960, distribuídos em grupos de 16 por página, como já se disse. Ali as menções são variadas e vão de propriedades a freguesias, de cidades a bairros do Recife por onde o Capibaribe passa. No somatório das 29 partes, descarta-se a possibilidade de divisão simétrica do todo, pois não há como fixar um múltiplo equânime para fechar a cifra de 960. Portanto, a rigor, o livro jamais teria uma quantidade equivalente de versos ao longo das 29 partes, necessariamente irregulares, com 11 partes de 16 versos; dez partes com 32 versos; seis partes com 48 versos; uma parte de 80 versos; e uma parte de 96 versos.

Ainda que o autor tivesse deixado de ser editor de si, a publicação do livro resguardou alguma reivindicação editorial sua, à medida que manteve as páginas incógnitas, sem numeração de nenhuma ordem. Tal disposição gráfica dos versos só se manteve naquela primeira edição, uma vez que a marcação espacial do conjunto de 16 versos como totalidade instituída pelo limite da página logo foi substituída na edição seguinte por outro agrupamento: 16 versos por estrofe. Com isso, aquele grupo de 16 versos que era distribuído página por página passou a ser dividido estrofe por estrofe; a experiência de leitura que se realizava mediante o espaço da página passou a se realizar por meio do contorno da estrofe, talvez até contrariando os princípios autorais de então, porquanto repercutia diretamente na relação entre o leitor e o objeto da leitura.

O desenho geral da encadernação na publicação seguinte, *Duas águas* (1956), reunia toda a lavra autoral acumulada até ali, colecionando também os livros inéditos *Paisagens com figuras*,

QUADRO VI

Uma faca só lâmina e *Morte e vida severina*. Com isso, se por um lado aquele volume toma a feição de síntese da obra, bifurcada em duas vertentes, por outro lado suprime e deforma a publicação imediatamente anterior no curto espaço de dois anos. O pequeno lapso temporal impressiona tanto mais quanto maiores foram as transformações por que passara a obra de uma publicação para outra. A primeira observação a ser feita na relação com a brochura anterior é que aquela distribuição dos versos em 29 partes foi reduzida a 28 partes, haja vista a fusão de "De São Lourenço à Ponte de Prata" com a outra parte, "Os dois rios", cuja demarcação foi suprimida como subtítulo da obra, e o conjunto de versos que a encerrava foi incorporado pela parte anterior, que passou a colecionar 48 versos, quando antes se compunha somente com 16. Então, a mesma parte de *O rio*, "De São Lourenço à Ponte de Prata", em 1954 dispunha de 16 versos e em 1956 passou a dispor de 48.

Cumpre insistir que a conversão do verso espraiado na página para a disponibilização do verso na estrofe se deu no lapso temporal de dois anos, espaço de tempo curto para uma possível reviravolta nos princípios compositivos do autor, que, curiosamente, jamais voltou a editar livros ou a publicar livro sem numeração. Acresce que o volume em que se deu tal transformação foi justamente *Duas águas*, que exerce função ilustrativa da obra como um todo, até porque foi a segunda reunião de sua produção – precedida por *Poemas reunidos* (1954) e sucedida por *Terceira feira* (1961). Tudo isso concorre para a cogitação de que determinações editoriais interferiram na caracterização do autor literário que é o poeta João Cabral de Melo Neto.

Pois, embora tivesse se mantido a mesma quantidade de versos em ambas as versões do livro – tanto em página quanto em estrofe –, houve a fusão de duas partes, que passaram a ser uma só em *Duas águas*. Como quer que seja, com 28 ou com 29 partes, distribuídas em 60 páginas ou estrofes, o que se mantém nas duas formalizações da obra é a assimetria constitutiva da composição.

Assimetria já assinalada pelos 960 versos, que se recusam a fechar a cifra de mil, o que demandaria mais dois grupos de 16 versos e uma coda com oito versos, sem emendar a assimetria. Tal como ficou, privilegia-se a opção do autor pela solução estruturante da obra inscrita no verso, quer esteja disponível no espaço da página, quer esteja na estrofe mediante a qual se cristalizou depois.

De acordo com o exposto, importa mais a totalidade dos versos em seu agrupamento – ora por página, ora por estrofe – do que uma suposta totalidade a que o poema-livro tivesse de alcançar ou se subordinar para atingir desígnios anteriores à realização do verso, entendido como parte de um organismo a que dá vida, porque o integra e o qualifica. Conforme seja, é preciso reconhecer uma interferência insidiosa no contorno geral da obra, decorrente da conversão dos versos paginados para os versos sob estrofação, a pretexto de otimizar o aproveitamento do papel. A obviedade ululante é a de que a leitura de 16 versos distribuídos ao longo de uma página não se aproxima da experiência de leitura dos mesmos 16 versos comprimidos numa estrofe, a não ser que se tome como imperativo de leitura uma hipotética linearidade dos versos que, por suposto, conduziria a uma possível essencialidade, a algum fundamento acessível ou até mesmo à substância da composição.

Se for o caso, contraria-se frontalmente o que o poeta vinha praticando até então na condição de editor e de autor literário, bem como na de ensaísta sobre a pintura – *Joan Miró* (1950) –, ocasião em que reclama uma postura específica do espectador ou do leitor. Tal postura jamais poderia ser passiva – segundo suas observações –, justamente porque a linearidade da leitura como componente de contemplação requer, por princípio, a passividade do leitor, que ficaria confinado a um conteúdo previamente estabelecido, contrariando a dinâmica da própria leitura. Isso se complica quando deparamos com uma obra que está em franco processo de transformação – como é *O rio*. Por outra, como pode o leitor se fixar na linearidade da leitura, se a obra está se transformando concretamente no espaço da página e no curso dos versos?

Por seu turno, a estrofe de 16 versos vem a ser uma idiossincrasia no percurso editorial do autor, com ocorrência estruturante somente em *O rio* – após a publicação de *Duas águas* – e em *Dois parlamentos* – após a publicação das *Poesias completas* (1968) –, porque na edição inicial e em *Terceira feira* (1961) compunha-se de quadras. Então, conforme o caso, a estrofe de 16 versos é resultante do agrupamento de quatro quadras (*Dois parlamentos*), ou então, é decorrente da compressão de 16 versos distribuídos ao longo da página para se converter numa unidade estrófica, e ambas as fusões só ocorreram quando da reunião em antologias. No primeiro caso, a paginação de *O rio* se converteu em estrofação em *Duas águas*, e a conversão de quatro quadras em estrofes de 16 versos de *Dois parlamentos,* somente depois da publicação de *Poesias completas* (1968). Num caso e noutro, a estrofe de 16 versos não havia sido concebida assim originalmente; num caso e noutro, a forjadura da estrofe de 16 versos se deu sob pressão editorial; num caso (em *Duas águas*) e noutro (*Poesias completas*), quem determinou a configuração da unidade estrófica foi a economia gráfica.

Difícil é dizer se o autor concordou com tal transformação espontaneamente ou, por força das circunstâncias, consentiu um tanto contrafeito à estrofação esdrúxula de 16 versos, o que deve ser considerado de caso a caso, uma vez que o lapso de *Duas águas* (1956) para *Poesias completas* (1968) ultrapassa o ínterim de uma década, enquanto as obras que suportaram aquela deformação estrófica lhe são anteriores, respectivamente, *O rio* (1954) e *Dois parlamentos* (1960). Então, se cada obra mudou graficamente, como não haveria mudado a compreensão do autor? Se sua compreensão não mudou, a considerar a reincidência deformadora em momentos distintos, por qual razão sua obra sofrera a mesma alteração em duas situações diversas? Na primeira ocasião, os versos foram comprimidos em estrofe de 16 versos, sem que assim fossem anteriormente; na segunda ocasião, o que vinha sendo identificado como um agrupamento de quatro quadras se converteu numa estrofe de 16 versos. Afora os dois casos esdrúxulos, a estrofe de 16 versos só vai aparecer acidentalmente num poema como "O alto do Trapuá", mas sem a função estruturante que exerce nesses dois livros, o que só reforça o caráter acidental de sua ocorrência, levantando suspeitas sobre sua definição estrófica no contexto da obra. Afinal, não temos como saber se a estrofe de 16 versos foi resultante de um *insight* do autor ou se ele somente consentiu a mudança, sob instâncias editoriais.

Independentemente da edição de *O rio* que o leitor tenha diante de si, constituída de 28 ou de 29 partes, seja com 60 páginas de versos, seja com 60 estrofes, acontece uma transformação lexical, com emendas que repercutem na métrica, na rima e na sonoridade das palavras, como se verá adiante. Por isso, mais do que tomar partido sobre a opção autoral – se radicada na disposição dos versos por página ou por estrofe –, importa averiguar a quantidade de versos em sua organização para chegarmos a uma compreensão possível do objeto literário, que, circunstancialmente, se nos apresenta como uma totalidade portadora de sentido, uma vez que esteja assente sua configuração gráfica e material no espaço da página, desde sempre em processo de transformação. Sob tal visada, descarte-se de imediato que a composição do poema-livro se subordinasse a algum princípio prévio, a que devesse obedecer, para, somente então, atingir desígnios anteriores à realização do verso. A noção de forma que daí se depreende não é fixa, e sim a que vem a ser fixada, ou, ainda, uma forma cambiante em fixação constante e que se estende ao longo das edições prospectiva e retrospectivamente.

Em sendo o verso entendido como parte de um organismo maior, como condicionante recíproca da composição, a relação entre o verso e seu agrupamento se oferece como problema de leitura e de constituição da longa composição que é *O rio*. Sim, porque afora a diferença de percepção entre o verso no espaço da página e o mesmo verso contextualizado na estrofe – ainda que agrupado pelo mesmo número 16 e seus múltiplos –, tem o fato de que o curso de *O rio* se divide majoritariamente em grupos de 48 versos, de 32 versos e de 16 versos. Só ocasionalmente se organiza em 80 e em 96 versos – embora também sejam múltiplos de 16 –, o que dá bem a dimensão de um fracionamento do livro, correspondente à paisagem que descreve, marcada e demarcada por múltiplos de 16 ou em grupos de 16 versos, propriamente, que vem a ser múltiplo de quatro.

Ocorre que nem todo agrupamento de verso constitui necessariamente um sistema estrófico, seja pela irregularidade das estrofes, seja, ainda, pela quantidade exagerada de versos a constituir uma estrofe, de 23 versos por exemplo, tal como acontece junto ao acidente de 16 versos no "Alto do Trapuá". Ademais, oitavas e décimas são comuns na tradição de língua portuguesa, mas não estrofes de 12 versos – tal como João Cabral reiteradamente utiliza – e quase nunca de 16 versos – tal como se encontra na reedição de seus livros *O rio* e *Dois parlamentos*. Conforme seja, qualquer sentido que queiramos atribuir à longa composição que é *O rio*, não há como descartar sua configuração em versos, a despeito do enredo que desenvolve e de outros atributos prosaicos que concorrem para o delineamento da obra. Os versos, portanto, se constituem como componentes estruturantes do artefato estético e verbal que vem a ser *O rio* – quer entendamo-lo como um livro construído em versos ou como um longo poema. Ainda mais porque naquela mesma coleção (*Duas águas*), em que a disposição dos versos na página foi convertida em estrofe, também se classifica o livro como estando entre aqueles que devem ser lidos em voz alta, constituindo a segunda das duas águas que dão título ao volume. Por outra, conforme aquela edição, *O rio*, que é constitutivo da segunda água, está dividido em 28 partes, cada uma subdividida em estrofes de 16 versos, até se chegar à soma de 960 versos.

Portanto, não há como conceber na obra de João Cabral uma relação de subordinação entre a realização do verso e a forma que lhe serve de anteparo, à medida que lhe dá recurso. Ao invés, é preciso considerar a relação dinâmica que se estabelece entre o contorno do verso e o delineamento da forma daí decorrente, que se estende da linha para a página ou para a estrofe e, por extensão, para a configuração de um organismo maior, porquanto instila uma correspondência do livro como um todo com suas partes, bem como de suas partes para as páginas e para as estrofes, que se estruturam por meio de versos cambiantes. De uma maneira ou de outra, o verso se configura como significante particular portador de um significado exclusivo e, ao mesmo tempo, como elemento estruturante da composição, que se vê desestabilizada, de acordo com a mudança operada em cada uma das partes, as quais, ocasionalmente, se desdobram ou se suprimem, a depender da edição. Para efeito de leitura, o recorte ora se volta para uma parte do livro que chama especialmente atenção, que é "Duas cidades", por não ter se misturado com outras partes e porque acumula a maior quantidade de versos: 96, número que corresponde exatamente a 1/10 da quantidade de versos do livro, e que se tomará aqui como ilustrativa do todo.

VARIAÇÕES LEXICAIS E SINTÁTICAS ENTRE A EDIÇÃO *PRINCEPS* DE
O RIO (1954) E A EDIÇÃO SEGUINTE, PUBLICADA EM *DUAS ÁGUAS* (1956)

Seção "As duas cidades", com 96 versos		
Verso	Edição original de *O rio* (1954)	*Duas águas* (1956)
1º	Mas antes de ir ao mar	Mas antes de ir ao mar,
2º	onde minha fala se perde	onde minha fala se perde,
10º	vem se fixar aquela gente	vem-se fixar aquela gente
13º	como se não pudessem	como se não pudessem,
14º	por um minuto somente	por um minuto somente,
21º	gente também daqui	gente também daqui,
22º	que trabalha nestas usinas	que trabalha nestas usinas,

QUADRO VI

Verso	Edição original de *O rio* (1954)	*Duas águas* (1956)
26º	fábricas como aqui se diz	fábricas como aqui se apelidam.
37º	habito com a gente	vivo com esta gente
43º	da cidade de lama	desta vila de lama
52º	caeiras, viveiros, olarias,	caieiras, viveiros, olarias,
56º	com que fazer-se conhecido	com que poder ser conhecido
57º	a não ser esta gente	a não esta gente
59º	eles são gente, apenas	estes são gente, apenas
62º	que aqui é anônima e seguida.	que ali é anônima e seguida.
65º	a não ser essa cidade	a não ser esta cidade
80º	pois não há o que medir em sua vida	(pois não há o que medir em sua vida)
84º	vivem no nível de lama e água	vivem no nível de lama e de água
92º	como se de tanto me olhar	como se, de tanto me olhar,
94º	de num dia ainda por chegar	de num dia ainda por chegar,
95º	levar todos comigo	levar todos comigo,

A primeira observação a ser depurada do quadro acima é a de que a quantidade de variações confirma a média de três alterações por página, a considerar que os 96 versos dessa parte estão distribuídos em seis páginas, que depois se converteram em seis estrofes. O total de 21 rasuras ao longo das seis páginas ultrapassa um pouco a média aventada, confirmando-a. Uma vez exposta a quantidade numérica, é preciso assinalar que a mudança em cada verso se dá ora no nível sintático ora no nível lexical, o que pode ser verificado de modo mais simples pela pontuação, que acelera ou retarda o movimento da leitura, assim como valoriza ou fragiliza certo enunciado, que ganha ênfase devido à pontuação. Verificação mais complexa se dá por meio do vocabulário, que incide sobre a sonoridade, sobre o ritmo, sobre a rima, sobre a métrica e sobre a semântica daí decorrente, que, sob qualquer aspecto, ultrapassa o limite do enunciado, haja vista que a significação em poesia está sempre aberta e, ainda mais, quando cotejamos as duas versões.

Ora, a constatação incomoda tanto mais quanto considerarmos se tratar de João Cabral de Melo Neto, um autor para quem a estrutura da obra interessa como elemento compositivo, e não dá para dizer que ele não estivesse preocupado com a estrutura quando da elaboração do livro *O rio*. Tampouco dá para dizer que ele não estivesse preocupado com a estruturação dos versos, o que é perceptível em vários níveis, inclusive o rímico e o métrico, sem que com isso deixasse de fazer operações no desempenho que atingira a duras penas, e que já se oferecia como uma formalização satisfatória, mas não para o autor, que se empenhou em desdobrar e emendar suas soluções primeiras. Sendo um resultado bastante significativo, não se esgotou aí, mas se expandiu em outras soluções, que se materializam na disposição gráfica, e editorialmente, nas edições subsequentes. Portanto, mais do que uma excentricidade autoral, implica uma prática poética que, porque está registrada, vem a ser indicativa da disposição expressiva do autor, que trabalha até o limite possível da formalização a ser publicada. E, mesmo depois de publicada a obra, o seu trabalho de formalização se desdobra verso a verso, página a página, estrofe a estrofe, parte por parte.

Portanto, se havia a preocupação do autor pelo contorno geral da obra, para fazer com que o livro fosse algo mais do que uma coleção de poemas, tal preocupação se materializa aí. Toda a preocupação com a artesania verbal conduz a obra de João Cabral para um lugar muito preciso, onde a experiência estética não se aparta da elaboração artística, que se evidencia e não cansa de emendar a si própria, menos pela insuficiência do resultado atingido do que pela ética em vigor, que se pauta pela constante revisão de seus artifícios, mais do que de seus princípios de composição. Com isso, por meio desse exercício incansável e quase infinito, conduz o leitor a especular algo acerca da ética da composição, que haverá de se mostrar sempre como um objeto construído e em constante processo.

Não sendo uma solução retórica, em que os princípios enunciados se apartam da prática discursiva, mas uma solução de escrita, que se faz poética, a produção literária de João Cabral de Melo Neto nos deixa ao menos uma lição: poesia é o que se grava no espaço da página, na quadratura da estrofe e no curso do verso. Tratando-se de uma verdade inquestionável, descarta a possibilidade de tomar o texto como portador de uma ideia simplesmente, porque se materializa como artefato estético de natureza verbal e, com isso, atualiza, porque potencializa, o entendimento do que venha a ser literário, depurado de todos os acasos e burilado de todos os ornamentos, que perdem, por seu turno, o sentido prévio que traziam consigo: o ornamento deixa de enfeitar e o acaso faz a vez de constituinte da engrenagem verbal. Afastado de qualquer noção prévia de poesia, o texto cabralino se apresenta mais elegantemente, porque mais equilibrado, o que não deixa de atingir no cerne o que viesse a ser literatura, mas não no seu sentido de superfície. O esforço laboral conduz a prática para algo muito próximo do entendimento clássico, segundo o qual a fruição se encontra na radicalidade da lira ou do leirão, como condicionantes da prática de quem lavra a terra ou o texto, instâncias que se irmanam e se confundem, ao menos na expressão desse poeta.

QUADRO VII
MORTE E VIDA SEVERINA: UM AUTO DE NATAL PERNAMBUCANO (1956)

Desde quando João Cabral de Melo Neto se deslocou de Londres para o Rio de Janeiro em decorrência da acusação de fazer parte de um grupo de comunistas dentro do Itamaraty, supostamente empenhados em desenvolver um governo paralelo, sua vida ficou empatada em virtude do processo a que teve de responder. Como não havia possibilidade de se distanciar da capital federal, até que o processo tivesse desfecho, logo se reintegrou à vida literária fluminense, por meio da colaboração em jornais e outras colaborações de circunstância, até que fossem restabelecidas suas funções diplomáticas e houvesse a reintegração de seus vencimentos, dos quais ficou desprovido por quase dois anos, ao contrário do que esperava. Enquanto isso, o poeta teve de se haver com a generosidade e com a compreensão de amigos, que, ocupando cargos, pudessem aliviar a penúria por que passava naquela primeira metade de 1950.

Entre os notáveis da época, destacava-se a figura de Aníbal Machado, que, além de ser primo de Murilo Mendes – de quem João Cabral era próximo, desde o início da década anterior –, era também presidente da Associação Brasileira de Escritores (ABE), o que por si só era suficiente para conferir notoriedade a seus circunstantes. Acresce a isso a também destacada atuação de Aníbal no teatro, com a criação de grupos como Os Comediantes, O Teatro Experimental do Negro, O Teatro Popular Brasileiro e O Tablado, que posteriormente ficou associado à sua filha, Maria Clara Machado. Havendo, portanto, esse trançado de relações que atavam cordões familiares aos de amizade, sem deixar de passar pelas instituições, a casa de Aníbal Machado se fazia um centro de encontros da intelectualidade brasileira sediada no Rio de Janeiro, que logo passou a ser frequentada por João Cabral de Melo Neto, já admirado por muitos e especialmente pela diretora Maria Clara Machado, que, animada pela realização de *Os três mal-amados* (1943) e pela "Fábula de Anfion" (1947), já publicados e reconhecidos àquelas alturas, solicitou uma peça de Natal para ampliar o repertório do seu grupo.

Fosse devido à proximidade etária com o poeta ou pelo pendor à renovação artística, a admiração da teatróloga pelo poeta motivou-a para que fizesse o pedido, haja vista que os encargos e a situação do pai poderiam talvez embaçar alguma espontaneidade que ela quisesse conferir à demanda, desprovida da formalidade contratual que, em geral, só se consuma por ocasião da montagem, como acontecia com o teatro da época. Cumpre lembrar que João Cabral havia publicado *O cão sem plumas* (1950) havia pouco tempo e estava às voltas com a escrita de *O rio ou relação da viagem que faz o Capibaribe de sua nascente à cidade do Recife*, o qual só veio a ser publicado em 1954, sem que deixasse de ser emendado nas edições subsequentes, conforme abordagem do capítulo anterior. Tudo isso serve para pontuar duas informações: a primeira é a de que o poeta estava embrenhado nas referências e representações do Capibaribe, e a segunda, que o caráter experimental de sua escritura estava em evidência naquele momento. Por isso, algo que decerto ele não faria era um arremedo das obras anteriores, em franca oposição às obras seguintes. Quanto ao experimentalismo, basta lembrar a diversidade de rimas e metros constantes em *O cão sem plumas*, *O rio* e em *Morte e vida severina*; quanto à matéria pernambucana, basta lembrar que os seus tradutores espanhóis cunharam essas três obras sob o epíteto de "Tríptico do Capibaribe". Portanto, se não foram concebidas como uma cantata da paisagem pernambucana, os seis anos que separam suas publicações dão a dimensão de que naquele momento o poeta estava entranhado por aquele rio como uma condição expressiva incondicional.

Daí talvez tenha decorrido algum dissenso entre o autor e a diretora de teatro, que não dispunha ainda das obras inéditas e só tinha em seu repertório de leitura naquele momento as obras teatralizáveis publicadas na década anterior, a saber: *Os três mal-amados* e "Fábula de Anfion". Acontece que a expressividade cabralina na década de 1950 não estará mais pautada pela subjetividade dilacerada que se encontra na personagem Joaquim de uma peça, nem tampouco ele estará disposto a atualizar personagens gregas clássicas como fizera na outra peça. A matéria oscilante entre a descrição sociológica e a reminiscência memorialística é que vai animar a criação em torno do rio Capibaribe, ao qual o autor julgou pertinente acrescentar personagens, uma vez que já havia descrito o rio como um cachorro e animizado o próprio rio, como se ele pudesse falar. Diante de tais realizações, nada mais oportuno do que dar vida àquela paisagem com retirantes, cartomantes, rezadeiras, defuntos, cantadoras, lavradores, coveiros, ciganos e crianças... Tudo aí concorre para preencher de vida uma circunstância plena de negatividades, a pretexto de potencializar o sentido da natalidade que se renova, mesmo sob os índices mais baixos como são os que ainda povoam a realidade brasileira. Não estranha que houvesse algum embaraço para a diretora lidar com a situação, a considerar a encomenda, a envergadura da fabulação e a proximidade com o autor, conforme refere um biógrafo:

> Quando o poeta entregou o texto a Maria Clara Machado, não foi pequena a decepção. A princípio, a diretora de O Tablado não disse nada. O tempo foi passando e João não recebia notícia alguma a respeito da montagem. Ao comentar, enfim, o poema, Maria Clara disse não se

achar à altura de encenar um texto tão complexo. Alegou também que O Tablado não tinha os recursos técnicos necessários à montagem.[1]

Desbastadas as diferenças entre a expectativa da diretora e a realização autoral, o fato incontornável é que a peça, invariavelmente, é de difícil montagem, quer consideremos a recitação de versos curtos, metrificados e repetitivos, quer consideremos, ainda, o conglomerado de referências que se estendem do medievo ibérico a seu enraizamento em certa tradição popular brasileira, tanto no que se refere a cantorias quanto a ritos fúnebres. Tomado como uma peça natalina, não tinha como deixar de exercer efeito impactante sobre o público em meados dos anos de 1950, tal como acontece ainda hoje. De uma maneira ou de outra, a despeito do subtítulo singelo "um auto de Natal pernambucano", a peça jamais foi apresentada como uma peça de Natal, nem nos festivais por onde passou nem na sua versão televisiva ou de animação, tendo ficado efetivamente como uma peça de denúncia e de contestação da realidade brasileira. O enredo de *Morte e vida severina* tem a mesma ambientação de *O rio*, qual seja, a paisagem que margeia o Capibaribe, só que antes a narração se dava pela boca do próprio rio e agora são as personagens figuradas pelo autor que acionam o desenrolar das cenas que se precipitam também em versos para serem lidos em voz alta, de acordo com a indicação de Aníbal Machado, constante no volume *Duas águas*, onde foi publicado primeiramente, conforme se recorta da orelha, que, apesar de não ser assinada, lembra o estilo de João Cabral.

Duas águas – feliz sugestão de Aníbal Machado para o título do volume – correspondem não a poemas herméticos e poemas claros, não a poemas regionalistas e poemas universalistas, tampouco a poemas tensos e

---

[1] Marques, 2021, p. 255.

distensos formalmente. [...] Duas águas querem corresponder a duas intenções do autor e – decorrentemente – a duas maneiras de apreensão por parte do leitor ou ouvinte: de um lado, poemas para serem lidos em silêncio, numa comunicação a dois, poemas cujo aprofundamento temático quase sempre concentrado exige mais do que leitura, releitura; de outro lado, poemas para auditório, numa comunicação múltipla, poemas que, menos que lidos, podem ser ouvidos. Noutros termos, o poeta alterna o esforço de melhor expressão com o de melhor comunicação.[2]

Confesso o desejo de comunicação aliado a uma expressão individualizada, as tais duas águas pareciam sintetizar as pulsões autorais, tal como se apresentavam ou como eram lidas pelos seus apaniguados. Para todos os efeitos, entre a água para reflexão e a água para auditório, indiscutivelmente os Machado tiveram grande influência na definição das obras para serem lidas em voz alta, notadamente *Morte e vida severina*, ali coligida ao lado de *O rio* e de *Os três mal-amados*, uma vez que a "Fábula de Anfion" foi integrada ao volume *Psicologia da composição*, a despeito da dramaticidade que evoca das outras dramatizações que a personagem clássica enseja. Tendo sido encomendada anos antes, somente em 1956 veio à estampa, desencadeando certa surpresa no público leitor, notadamente pelo que simulava de efeito comunicativo da expressão cabralina, expressão que estava em pleno processo de experimentalismo e de consolidação, uma vez que todas as obras ali publicadas permaneceram sendo revistas nas edições subsequentes, ao menos até se fixarem nas *Poesias completas* (1968). De todo modo, quando comparada à quantidade de emendas que *O rio* acumula de sua primeira edição em 1954 a 1968, *Morte e vida severina* tem no total algo como quatro vezes menos rasuras do que seu livro gêmeo no "Tríptico do Capibaribe".

---

[2] Melo Neto, 1956, s/p (orelha da capa).

Portanto, foi objeto de menos reelaborações do que os livros que lhe foram publicados contiguamente ou, ao menos, o livro *Morte e vida severina* já foi publicado mais próximo de sua fixação final.

Também por isso vale a pena insistir na encomenda, porque, dois anos antes da publicação de *Duas águas*, o autor estava sem receber os proventos do Itamaraty e havia submetido *O rio* ao concurso do IV Centenário da Cidade de São Paulo, para o qual foi concebido, escrito e publicado, porque premiado. Em contrapartida, a destinação imediata de *Morte e vida severina* não foi atendida; tendo sido concebida e escrita em simultâneo a *O rio*, sua montagem só veio a acontecer após ter se convertido em obra literária, sem que os atores tivessem contato prévio com o texto, o que só veio a acontecer em 1958, no Festival de Teatro do Estudante, realizado em Recife, onde foi premiado. Então, a obra encomendada por um grupo profissional foi montada por um grupo amador e somente alguns anos após sua publicação em livro, quando já era concebida como uma obra literária, mais do que um texto a ser encenado. Havendo, pois, um lapso de tempo que separa a escrita de sua repercussão junto ao público (leitor e espectador), seguramente aquele livro é o mais lido e reconhecido de quantos o autor tenha escrito. Como peça de teatro, foi premiada no Brasil e na França e, como brochura, já atingiu as centésimas reedições, o que não é pouco para um livro escrito em versos na língua portuguesa.

Aliás, é preciso assinalar que até então o poeta não tinha utilizado o metro redondilho (de sete sílabas) como elemento estruturante da sua composição, apesar de algumas ocorrências acidentais no livro *O rio*, mas não com o desempenho que se verifica na boca da personagem Severino/Retirante. Essa modalidade métrica interessa tanto mais por se tratar de um metro de extração ibérica e popular, que se enraizou particularmente no Nordeste brasileiro, espaço geográfico e cultural tematizado naquela obra. Mais tarde, o autor irá confessar, no livro *A escola das facas*, no poema "Descoberta da literatura", utilizando o mesmo metro, que seu primeiro contato com a poesia fora dos ambientes formais – por consequência, com a força expressiva e comunicativa própria da literatura popular – se deu por meio da leitura de folhetos de cordel, que invariavelmente são estruturados em redondilhas. Estamos, portanto, diante de uma modalidade métrica com a qual o poeta travou contato na infância e espontaneamente, da qual se esquivou o quanto pôde, mas, quando foi acionada, acabou por se revelar como uma expressão própria, tensa e característica, sem simular para si nem para os outros um artifício estranho ou uma coloquialidade forçada, uma vez que aquele universo formal e simbólico lhe era indisfarçavelmente familiar.

Para além da habilidade autoral no trato das particularidades do verso, é preciso reputar parte de seu sucesso à matéria tratada, que já vinha sendo sedimentada como paisagem brasileira desde as primeiras décadas do século XX, na pena de autores como Monteiro Lobato, Graciliano Ramos, José Lins do Rego, Erico Verissimo, Rachel de Queiroz, Lúcio Cardoso, os quais, entre outros, ajudaram a forjar um repertório de personagens, situações e paisagens que se consolidaram em nosso imaginário como sendo brasileiros e que estavam em plena voga quando da escritura de João Cabral, que personaliza uma personagem inominada mas que ecoa Jecas, Fabianos, Vitorinos, Anas Terras e tantos outros que se gravaram no repertório dos leitores como verdades incontornáveis, concorrendo fortemente para o poder de convencimento de *Morte e vida severina*, que se torna verossímil aos olhos de quem o lê, mesmo que não tenha tido o contato visual ou táctil com aquelas referências geográficas. É preciso dizer, no entanto, que tal verossimilhança não é tributária somente da sedimentação da matéria abordada no imaginário dos leitores, mas sobretudo do fraseado dos versos, entrecortado em estrofes, muito compatíveis com uma estruturação correlata à ambiência sóciocultural abordada, dando-nos a ver uma geografia que é humana, de um espaço habitado por gente muito humilde com quem se faz custoso se identificar e, na falta de identificação, não nos conduz de imediato ao riso, senão pelo humor ácido praticado pelo autor.

Como o livro é pautado por uma rigorosa busca em torno da significação que anima a natalidade, conviria destacar um trecho da obra em que a natalidade aventada se apresenta como problema expressivo na pena de João Cabral de Melo Neto, menos para apaziguar os conflitos ali expostos do que para mostrar como a solução estética tem seu poder de revelação, não só pelo ornamento reclamado à literatura, mas sobretudo pela função que adquire como experiência comunicativa, que sedimenta um registro histórico, de uma história que nos assombra e que ganha ressonância espectral na historiografia de nossa literatura. Entre rezadeiras, ciganas, coveiros, retirantes, defuntos e outros desgraçados, ganha destaque a fala do "Seu José, mestre carpina", misto de oráculo e corifeu naquela circunstância de representação literária, após sua fixação nas *Poesias completas*, em 1968, sob a seguinte rubrica: "O Carpina fala com o retirante que esteve de fora, sem tomar parte em nada". Essa mesma inscrição havia sido grafada com outro enunciado na edição *princeps*, a saber: "Quando todos se retiram, o homem se aproxima do retirante, que esteve de fora assistindo a tudo". De igual modo, havia outra disposição para os versos naquela edição primeira, conforme seguem e antes de acumular as variações que estão em circulação:

> – Severino, retirante,
> deixe agora que lhe diga.
> Eu não sei bem a resposta
> da pergunta que eu fazia:
> se não vale mais saltar
> fora da ponte e da vida.
> Eu não conheço a resposta,
> se quer mesmo que lhe diga.
> É difícil defender

só com palavras a vida
(ainda mais quando ela é
esta que vê, severina).
Mas se responder não pude
à pergunta que fazia,
ela, a vida, a respondeu
com sua presença viva.
E não há melhor resposta
que o espetáculo da vida:
vê-la desfiar o seu fio
(que também se chama vida),
ver a fábrica paciente
que ela mesma se fabrica,
vê-la surgir como há pouco
em nova flor explodida.
(Mesmo quando é tão pequena
a explosão ocorrida.
Mesmo quando é explosão
como a de há pouco, franzina.
Mesmo quando é a explosão
de uma vida severina).[3]

 De antemão, impõe-se a observação da supressão dos parênteses – a partir da edição das *Poesias completas* (1968) –, os quais desde ali já se faziam uma marca estilística do autor, que, curiosamente, desapareceram daquela sua escritura em particular, por sinal, a mais lida no conjunto de sua lavra. Além da supressão dos parênteses no trecho supracitado, os 30 versos, aí dispostos numa única estrofe, ficaram divididos em duas estrofes, sendo uma de 16 versos e outra de 14. Foi aquela mesma edição de 1968 que converteu os conjuntos de quatro quadras de *Dois parlamentos* em estrofes de 16 versos,

---

[3] Melo Neto, 1956, pp. 221-222.

QUADRO VII

nada mais lógico do que acumular ao longo da obra outras estrofes de 16 versos, ainda que acidentalmente, tal como acontece aqui. Desbastadas as variações gráficas mais facilmente visíveis – tanto relativas aos parênteses (que jamais voltaram) quanto à estrofação (que foi cindida) –, é preciso assinalar as mudanças lexicais e sintáticas operadas de verso a verso, somente no confronto das edições de *Duas águas* com a de *Poesias completas*, uma vez que a fixação dos versos se deu aí, simultaneamente à fixação das estrofes. Independentemente da quantidade de estrofes, tomemos, pois, a numeração cursiva dos versos de 1 a 30, à guisa de ilustração do trecho supracitado no quadro sinótico abaixo, no qual se destacam as variações lexicais e de pontuação:

	Duas águas (1956)	*Poesias completas* (1968)
Verso 2	deixe agora que lhe diga.	deixe agora que lhe diga:
Verso 4	da pergunta que fazia:	da pergunta que fazia,
Verso 6	fora da ponta e da vida.	fora da ponta e da vida;
Verso 7	Eu não conheço a resposta,	nem conheço essa resposta
Verso 8	se quer mesmo que lhe diga.	se quer mesmo que lhe diga;
Verso 9	É difícil defender	é difícil defender,
Verso 10	só com palavras a vida	só com palavras, a vida,
Verso 11	esta que vê, severina.	esta que vê, severina;
Verso 19	vê-la desfiar o seu fio	vê-la desfiar seu fio,
Verso 21	ver a fábrica paciente	ver a fábrica que ela mesma,
Verso 22	que ela mesma se fabrica,	teimosamente, se fabrica,
Verso 23	vê-la surgir como há pouco	vê-la brotar como há pouco
Verso 24	em nova flor explodida	em nova vida explodida;
Verso 25	Mesmo quando é tão pequena	mesmo quando é assim pequena
Verso 26	a explosão ocorrida	a explosão, como a ocorrida;
Verso 27	Mesmo quando é explosão	mesmo quando é uma explosão
Verso 28	como a de há pouco, franzina.	como a de há pouco, franzina;

Ainda que todas as variações tenham passado pelo crivo do autor, vale a pena referir as mudanças justamente para que tenhamos a dimensão do estilo em processo, sem cairmos em mistificações textuais, como se a linguagem fosse simples veículo de ideias e o autor fosse alguma espécie moderna de demiurgo, e não operasse diretamente no estrato verbal em suas múltiplas dimensões, que vão da fônica à sintática, da lexical à semântica, como constituintes do artefato estético que foi produzido particular e circunstanciadamente, como resultado de várias investidas. E quando o autor opta por uma solução verbal em detrimento de outra, tal como acontece quando troca "surgir" por "brotar", isso tem uma repercussão que é imagética e afetiva, porque se grava nos vários níveis que a palavra suporta, de sensação e de racionalização. De igual modo, quando troca o substantivo "flor" por "vida", que atinge a sensibilidade do leitor de um modo especial e funda certa compreensão de poesia, por meio das escolhas que insiste em afirmar. A pontuação precisa ser visualizada em amplo espectro, porquanto dimensiona o estilo autoral num nível mais fundo, cuja cursividade precisa ser perspectivada ao longo do texto como um todo, inclusive pelo que salta ou é suprimido por meio dos parênteses, que ora aparecem e ora desaparecem.

QUADRO VIII
PAISAGENS COM FIGURAS (1956)

Alguma curiosidade acompanha a escritura e a publicação do livro *Paisagens com figuras* no contexto da poesia de João Cabral de Melo Neto, posto que se inscreva sob certa obscuridade na trajetória autoral. Tal obscuridade não se restringe à editoração da obra, porquanto tem sido revigorada pelo percurso acumulado até então, que desestabiliza o seu contorno, levando-nos a crer que existe algo embotado também aí. Seguindo a cronologia, é preciso asseverar que esse é o primeiro momento no percurso literário do poeta-diplomata em que a paisagem ibérica consta pontual e referencialmente nos seus versos. Como se não bastasse essa novidade temática, Pernambuco também comparece aí, mas não mais pelo veio do Recife, aureolado pelo Capibaribe, tal como acontecera nos livros imediatamente anteriores – *O rio* (1954) e *O cão sem plumas* (1950). Em vez disso, o Pernambuco representado literariamente na obra a partir de agora se estende para o interior do estado, conforme se verifica em poemas como "Alto do Trapuá", o que também se aplica ao próprio *Morte e vida severina*, timbrado primeiramente no mesmo volume *Duas águas* (1956), cuja ambientação se espraia do Agreste pernambucano para a capital litorânea. A paisagem supranacional e além do Capibaribe, que se alarga no mapa do estado natal e se transfere também para o universo europeu, tem sua duplicidade inaugural nesse livro, talvez empanado pelos outros que se lhe irmanaram por ocasião da sua primeira publicação.

QUADRO VIII

Tendo sido publicado como inédito no volume *Duas águas* (1956), bem como *Morte e vida severina* e *Uma faca só lâmina*, *Paisagens com figuras* aparece como sendo anterior àqueles dois outros títulos nas reuniões da obra de João Cabral de Melo Neto, quer se chamassem *Poesias completas* (1968), *Obra completa* (1994), *Poesia completa e prosa* (2008) ou *Poesia completa* (1997/2020). A curiosidade se aguça tanto mais quanto mais considerarmos a hipótese de que o livro foi concebido e escrito em simultâneo ao *Morte e vida severina*, entre 1953 e 1955. Ora, toda e qualquer elucubração a respeito só poderá ser considerada nas reedições em que ambos os livros compareçam, uma vez que a publicação original que reuniu os dois se dividia em duas partes, duas vertentes ou duas águas, como se queira: a parte para ser lida em voz alta e a parte para ser lida em silêncio. Como o livro *Paisagens com figuras* se encontrava na água do silêncio e, na ordem daquela publicação, *Uma faca só lâmina* veio antes na sequência daquela água, por ter sido o último a ser escrito, fixou-se como o inédito para ser lido em voz baixa – como se o livro seguinte na ordem de publicação também não fosse –, enquanto *Morte e vida severina* se consolidou como o inédito para ser lido em voz alta, correspondendo ao primeiro livro na outra parte da publicação. Ficando assim: *Uma faca só lâmina*, livro inédito da coletânea a ser lido em silêncio e o primeiro naquela parte da publicação; *Morte e vida severina*, livro inédito da coletânea a ser lido em voz alta e o primeiro a ser lido naquela outra parte da publicação. Quando desvinculados da distinção das tais duas águas (voz baixa e voz alta), em ordem retrospectiva, as coletâneas das obras que observam o critério cronológico antecipam, invariavelmente, *Paisagens com figuras* a *Morte e vida severina* e a *Uma faca só lâmina*. Então, o que veio depois na ordem de publicação original (*Duas águas*) passou a constar em reedições posteriores como vindo antes. E já que *Morte e vida severina* exerce função nuclear aos olhos de qualquer leitor, automaticamente todos os olhos se voltam para o que lhe é imediatamente posterior, em busca talvez de uma possível continuidade, o que absolutamente não dá para encontrar em *Uma faca só lâmina*, muito embora *Paisagens com figuras* exerça função ilustrativa tanto do movimento autoral em direção a um quanto ao outro livro que lhe foram contíguos no primeiro momento de publicação.

O comentário interessa para que possamos dar os devidos valor e relevo a cada uma daquelas três obras, que, inicialmente geminadas na publicação, exercem efeitos distintos na recepção autoral, quer consideremos os leitores de poesia ou o acompanhamento da trajetória poética que se desdobra em direções distintas. Tanto é que os tradutores espanhóis reuniram os livros *Morte e vida severina*, *O rio* e *O cão sem plumas*, para lhe consignarem o epíteto de "Tríptico do Capibaribe", sem que até então houvesse um volume similar publicado em português. Havendo, pois, o lapso de seis anos entre a publicação dos três títulos, é conveniente afirmar que eles trazem consigo algo em comum da trajetória autoral e, em especial, daquele momento específico, quando o autor fazia confundir o poema e o livro, uma vez que os três títulos enunciam livros que são, respectivamente, um poema só. Sem ignorar a identidade forjada ou possível entre aqueles três títulos, outra luz se nos ilumina quando sombreados pelo título de *Paisagens com figuras*, cuja concepção e publicação se dão em paralelo àquelas outras, ao menos se quisermos manter a centralidade de *Morte e vida severina*.

Por outro lado, se desde *Psicologia da composição* (1947) o autor vinha especulando acerca da feitura de poemas longos, que, ocasionalmente, se confundem com a própria obra, o que vale para "Fábula de Anfion" ou "Antiode" – ainda que entendidas como parte de um organismo maior –, isso irá se radicalizar com *O cão sem plumas* e *O rio*, que são obras autônomas, contingenciadas às respectivas brochuras, imbricando a obra à encadernação que lhe serve de suporte. Feito o recorte anterior à estampa de *Psicologia da composição*, após o estio de uma década, em *Paisagens com figuras*, o autor voltará a fazer composições com número limitado de versos e produzir livros que colecionam uma quantidade determinada de poemas, tal como já fizera em *Pedra do sono* (1942) e em *O engenheiro* (1945). A consideração do poema qual unidade significativa será a nota dominante a partir daí, desde que tomada como parte de um todo a que se confina e se conforma, ao lado de um número de composições outras, para compor uma obra, já que o autor somente voltará a fazer poemas que são, simultaneamente, a própria obra em *Auto do frade* (1984), mais como um acidente do que uma tendência expressional retomada, e nenhum outro livro posterior vai seguir essa condição de ser a um só tempo livro e obra. Aliás, sendo o auto uma obra dramatúrgica, submete invariavelmente suas partes à configuração do todo, o que nem sempre ocorre quando estamos diante de um livro de poesia propriamente.

Também no que se refere à quantidade de poemas que o livro encerra, *Paisagens com figuras* tem um diferencial em relação a muitos outros livros de João Cabral de Melo Neto, haja vista que desde a publicação inicial manteve as mesmas 18 composições reunidas inicialmente. Algo diverso haverá de acontecer com outros livros, ali mesmo no seu volume inaugural, posto que em *Duas águas* (1956) foi reduzida a quantidade de composições do livro *Pedra do sono* (1942) – de 29 para 24 –, o que viria a acontecer posteriormente com vários outros livros, só que no sentido de expandir e não de encurtar, tal como acontece com *Crime na calle Relator* (1987) – de 16 para 25 – e *Sevilha andando* (1989) – de 52 para 67. Diversamente a esses volumes, que sofreram alteração física de acordo com o acúmulo editorial das reedições, o livro *Paisagens com figuras* é índice de estabilidade no que tange à quantidade de poemas, bem como no plano da estrofe e também nas rasuras e nas emendas com poucas ocorrências, a considerar a média que anima a reedição das demais obras do poeta pernambucano.

Aceito o argumento, *Paisagens com figuras* seria um corte transversal na trajetória poética de João Cabral de Melo Neto, a qual vinha sendo guiada não só pela matéria oriunda de seu Pernambuco natal, que se derrama pelo Recife nas águas do Capibaribe, mas também pela notação veraz que animou a escrita dos três livros, intensamente empenhados em encontrar um veio expressivo que mimetizasse a realidade à volta do rio, para encontrar uma transfiguração literária legítima àquele conjunto de circunstâncias, animado pela vivência de sua infância e juventude. Pois, ainda que Pernambuco permaneça no mapa literário de João Cabral, *Paisagens com figuras* vai expandir o espaço de representação literária em direção à Espanha, sem mais pautar a veracidade expressiva, senão lateralmente, agora convertida em figuração, ou ainda, em transfiguração tendente à agudeza, tão própria à expressão de origem espanhola. Aquela matéria antes flagrada pela referência que pautava a expressão cabralina agora vai se converter em procedimentos figurativos, de modo que se a afinidade eletiva e afetiva do autor estava gravada nos interstícios dos versos, agora a paisagem vai se transfigurar em forma. A forma passa a ser a figura em que o sujeito se radica, porque ele deixa de aparecer como entidade estruturante do discurso e o objeto de sua narração só se torna visível sob o enquadramento da estrofe ou da paisagem que lhe dá recurso. Não por acaso, esse será o primeiro livro em que a quadra – apesar do redondilho tenso, mas já com a toante estabilizada – aparece deliberadamente como elemento constitutivo da expressão autoral ou, ainda, como constituinte de seu estilo, o que se tornará uma dominante daí em diante, mas que não estava fixada até então.

Em termos numéricos, dos 18 poemas que compõem o livro, apenas oito tematizam a paisagem pernambucana. Portanto, menos da metade. A rarefação da matéria repercute na rarefação expressiva, à medida que se projeta num tratamento mais abstrato da realidade por meio de figurações e transfigurações daquelas paisagens que não devem ser vistas como exclusivas ao poeta, embora ele encontre uma tonalidade expressiva peculiar naquele momento, quando vivenciava sua segunda estadia na Espanha, também eleita para si como uma paisagem própria a seu discurso. Rarefeita a paisagem pernambucana, que deixa de ser referencial para ser formalizada, e, de igual modo, rarefeita a paisagem espanhola, que passa a ser matéria do poeta pernambucano, o saldo imperativo é o de uma inscrição subjetiva na forma em que se transfigura o poeta como entidade enunciativa do discurso, a qual passa a ser indicativa da *persona* do autor como uma figuração ou uma transfiguração da realidade representada literariamente, a que corresponde o enquadramento da estrofe.

Conforme se queira, a paisagem pernambucana de antes passa a figurar como parte de um correspondente expressivo que se grava numa paisagem maior – hispânica e europeia –, qual seja, ilustrativa de uma humanidade mais dilatada no tempo e no espaço. Por outro lado, a própria paisagem de Pernambuco deixa de ser vista pela totalidade ensejada pelo Capibaribe, que simulava até ali uma síntese metonímica de Pernambuco todo. Pernambuco esse que aparece agora recortado por algumas de suas figurações, ainda mais contrabalançadas pelas figuras espanholas, que se lhe fazem contíguas e que dissipam suas particularidades, interferindo na compreensão da paisagem, que assimila propriedades imprevistas, tornando-se rarefeita e deslocando para o plano da linguagem toda a inovação, num espaço inadvertidamente poético. A poesia aí se opera pelo inusitado do local que se oferece como paisagem para sua transfiguração ou figuração da forma. Ao deslocar o espaço geográfico de abordagem, sua poesia se desestabiliza e desestabiliza o seu leitor, uma vez que João Cabral de Melo Neto muda a compreensão da própria poesia, que se estende e se projeta de maneira imprevista na linguagem com que é elaborada. De acordo com o registro do livro, a noção de poesia que se grava aí como um momento inaugural concilia – à guisa de paradoxo – o nativismo pernambucano com o cosmopolitismo espanhol. Esse paradoxo ainda difuso passará a guiar sua expressão daí em diante, para todo o sempre.

Em relação à publicação inicial do livro *Duas águas*, também existe uma notação curiosa a se fazer: o mesmo Aníbal Machado a quem foi reputada a designação da expressão cabralina como estando encerrada em duas águas é quem vai constar na dedicatória de *Paisagens com figuras*, adquirindo uma função paratextual dupla: uma primeira, à medida que nomeia o volume; e outra porque aparece como dedicatória num dos volumes inéditos ali publicados. Por outro lado, o livro dedicado ao prosador e presidente da Associação Brasileira dos Escritores (ABE), cuja casa era frequentada regularmente pelo poeta, não tem a configuração das tais águas, ficando restrito a apenas uma: da leitura isolada e silenciosa. Mesmo que seja o livro *Paisagens com figuras* portador de poemas timbrados em torno da paisagem espanhola – a exemplo de "Medinaceli", "Imagens de Castela" ou "Campo de Tarragona" – e se encerre com um poema que ilustra a ambivalência geográfica da poesia, intitulado "Duas paisagens", ainda assim tomaremos um poema de temática pernambucana, porque talvez refira melhor a rarefação aludida na linguagem, que se transfere para seus indicativos formais, sem ignorar o quanto da rarefação se processa na métrica, na rima e nos demais elementos definidores da quadra, ao mesmo tempo em que indica outras repercussões futuras na expressão do poeta. O poema "O vento no canavial" bem como o "Imagens de Castela", que o antecedera na ordem de exposição do livro, são compostos de 11 quadras, totalizando 44 versos. Se não servir para delinear informações outras, esses poemas já ilustram a afirmação do quatro como um imperativo categórico da expressão autoral, que haverá de se consolidar daí por diante, conforme ilustra o poema:

O vento no canavial

Não se vê no canavial
nenhuma planta com nome,
nenhuma planta maria,
planta com nome de homem.

É anônimo o canavial,
sem feições, como a campina;
é como um mar sem navios,
papel em branco de escrita.

É como um grande lençol
sem dobras e sem bainha;
penugem de moça ao sol,
roupa lavada estendida.

Contudo há no canavial
oculta fisionomia:
como em pulso de relógio
há possível melodia,

ou como de um avião
a paisagem se organiza,
ou há finos desenhos nas
pedras da praça vazia.

Se venta no canavial
estendido sob o sol
seu tecido inanimado
faz-se sensível lençol,

se muda em bandeira viva,
de cor verde sobre o verde,
com estrelas verdes que
no verde nascem, se perdem.

Não lembra o canavial,[1]
então, as praças vazias:
não tem, como têm as pedras,
disciplinas de milícias.

É solta sua simetria:
como a das ondas na areia
ou as ondas da multidão
lutando na praça cheia.

Então, é a praça cheia[2]
que o canavial é a imagem:[3]
veem-se as mesmas correntes
que se fazem e desfazem,

voragens que se desatam,
redemoinhos iguais,
estrelas iguais àquelas
que o povo na praça faz.[4]

A primeira observação a fazer acerca do poema está explicitada já na primeira estrofe, onde se especula sobre a nomeação da planta que compõe o canavial, sem ser possível distinguir ou particularizar uma da outra, sem ser possível lhe conferir autonomia, senão pela integração ao todo que é o canavial. Interessante é perceber que aí se aventa a possibilidade de lhe nomear, logo contradita pela recorrência

---

[1] Na versão original, publicada em *Duas águas* (1956), esse verso compunha-se "Não recorda o canavial".
[2] Na versão original, publicada em *Duas águas* (1956), esse verso constava "Então, da praça repleta".
[3] Também ali em *Duas águas* (1956), constava "é o canavial a imagem".
[4] Melo Neto, 2020, pp. 150-151.

de advérbios de negação no início dos três primeiros versos, reforçada pela anáfora de "nenhuma planta", ora predicada por "com nome", ora por "maria". Esses são os qualificativos de "nenhuma planta", contraditoriamente referidos ao que não existe, e logo passam a perder a propriedade predicativa, uma vez que não se nomeia o que não existe, esvaziando o sentido do canavial, que aparece ali por meio do que não se nomeia, do que não existe, do que não se vê, como informa o verso inicial expandido nos seguintes: o canavial existe pelo que não se vê.

E mesmo na estrofe inicial, no último verso, quando a palavra "planta" é desprovida do advérbio "nenhuma", para lhe conferir possível autonomia ou afirmação, o que é reforçado pela sequência da preposição "com", consuma-se um verso aparentemente assertivo: "planta com nome de homem", que só existe como uma decorrência porosa do verso anterior, cuja significação faz as vezes de cavalgadura para sua hipotética nomeação. Quer dizer, depois de afirmar no terceiro verso que não se vê "nenhuma planta maria", a afirmação do verso seguinte, "planta com nome de homem", perde sua propriedade pelo verso anterior, que decompusera todo seu poder afirmativo, apesar da preposição "com". Neste caso, a preposição se subordina aos advérbios acumulados, como se fosse impossível dizer "com" e, mesmo ao dizer "com", estivesse dizendo "sem". De igual modo, existe uma equação assimétrica entre "maria" e "nome de homem", pois ainda que consideremos o prenome como indício de humanidade, tal humanidade ocasionalmente se manifesta em minúscula, contradizendo o princípio mesmo da nomeação própria. Por isso, o vocábulo "maria" perde a força da exemplaridade humana, que pudesse engrandecer ou particularizar a planta do canavial, que permanece incógnita e rarefeita, o que já está sinalizado pela trivialidade inscrita no nome Maria.

É preciso assinalar, ainda, que, como uma decorrência desse esvaziamento significativo ilustrado por meio do vocábulo "maria", corresponde certa rarefação formal, inscrevendo uma equivalência na forma exteriormente visível daquilo que acontece no plano lexical, que repercute na sintaxe, mas semanticamente só se cristaliza quando consumado e gravado na quadra. Quer entendamos a quadra como constituída de métrica, quer entendamo-la por meio da rima, é possível identificar uma rarefação expressiva como correspondente do esvaziamento significativo depositado nos significantes utilizados. Na planura da métrica, basta assinalar o heptassílabo tenso que se inscreve nos versos com incidência da palavra "canavial", invariavelmente solicitando a elisão do hiato nessa palavra específica, sem que se aplique com o mesmo rigor a outras elisões talvez mais evidentes, talvez menos, como seguem: "Não se vê no canavial", "É anônimo o canavial,", "Contudo há no canavial", "Se venta no canavial", "Não lembra o canavial," ou "que o canavial é a imagem:". À exceção deste último verso, todos os demais encabeçam a estrofe, o que indica a função estruturante dos versos com a palavra "canavial", imprimindo um ritmo oscilante, que também se evidencia pela cesura do verso em sílabas átonas, tal como acontece com os seguintes: "ou há finos desenhos nas" e "com estrelas verdes que", cuja síntese movente pode ser ilustrada pelo verso "É solta sua simetria", referindo-se ao canavial, mas também aplicável ao próprio metro que o identifica no poema.

Por outro lado, se tomarmos a cristalização do som na quadra pela via da rima, a opção ostensiva pela toante soa algo estranho aos ouvidos brasílicos, ainda mais quando constituída de acidentes flagrantes, como é o caso da rima dos versos "estendido sob o sol" com "faz-se sensível lençol,", ou ainda sob a mediação da sibilante sonora que ensurdece na rima do verso "então, as praças vazias:" com "disciplinas de milícias.". Por uma razão ou por outra, pela inscrição na rima ou na métrica, verifica-se o arrefecimento da formalização da quadra convencional, para a asseveração de um estilo individual aí gravado, que pode ser lido como equivalente daquele mesmo movimento assinalado no plano lexical, o qual se esvazia da referência, porquanto concorrem entre si para a designação semântica da poesia em curso, num movimento intrínseco e singular.

QUADRO IX
UMA FACA SÓ LÂMINA (1956)

Dedicado a Vinicius de Moraes – de quem João Cabral de Melo Neto era colega de ofício no Itamaraty e foi editor do poema *Pátria minha* (1949) como publicação autônoma, quando da vigência do selo O Livro Inconsútil –, *Uma faca só lâmina* delimita uma conquista expressiva sem par na língua portuguesa. Para tanto, a aproximação com o poeta fluminense importa, porque dimensiona algo mais do que uma simpatia ou uma convivência, mas explicita uma interlocução que, pautada pela diversidade de posicionamentos perante o objeto poético, vigorou como um ponto alto de experimentação expressional ou definição do verso, tema de que não raro se tem esquivado, como se as diferenças estilísticas entre os autores não pudessem ser produtivas entre si. Sem se restringir a esse momento, até porque depois os poetas dedicam poemas mutuamente entre si, é preciso asseverar que o nome explicitado como dedicatória cumpre um papel extensivo à função que o paratexto comporta, como uma referência à afetividade e à admiração existentes, mas também como um índice a repercutir nas obras futuras, mas já conferindo ali um delineamento àquele livro em particular, cuja estruturação é singular no trajeto expressional do autor.

Constituído de 11 partes, nove das quais sob indicação alfabética de "A" a "I" e duas destacadas em itálico pela grafia editorial, o livro dispõe de oito quadras em cada parte, totalizando 88 quadras. A falta de indicação alfabética nas duas partes que emolduram a composição confere uma conotação especial à primeira e à última, sem deixar de interferir na significação em processo, quer entendamos o sentido engendrado na totalidade do livro, quer entendamos o acabamento formal que consigna uma semântica particular ao curso dos versos. Com repercussão singular na dicção poética de João Cabral, o poema-livro se vale de cada elemento composicional como indicativo da significação da obra em modo contínuo, um artefato verbal organizado graficamente, página a página, estrofe a estrofe, verso a verso, irrompendo certo espanto quando estamos diante da obra, concreta e cursivamente.

Embora tivesse sido estampado no *Jornal de Letras* em 1955, quando convertido em livro no volume *Duas águas* (1956), irmana-se por contiguidade a outros inéditos: *Paisagens com figuras* e *Morte e vida severina*. Tal contiguidade dos livros na mesma publicação não confere, a princípio, nenhuma identidade formal ou da matéria abordada por um ou por outro livro, de caso a caso. Aliás, sendo muito distintos entre si, existe uma prevalência do ato comunicativo em *Morte e vida severina*, que exibe com transparência a matéria constitutiva do discurso ali timbrado, a qual se dilui e se abstrai em *Paisagens com figuras*; este, por seu turno, consuma e deflagra uma instabilidade no tratamento formal em detrimento da matéria, que se esfuma e se rarefaz diante da forma, ali cristalizada como uma conquista expressional em contínua transformação, a exemplo do que se verifica na estrofação de poemas como "Fábula de Joan Brossa", "Encontro com um poeta" e "Alto do Trapuá", num livro cujos poemas são estruturados majoritariamente em quadras.

Uma faca só lâmina, por sua vez, demarca um ponto de chegada, se quisermos considerar o empenho autoral em atingir uma modalidade expressional própria, sem se desvincular da tradição a que se filia e na qual se quer ver integrado, ainda que a contrapelo, ao menos desde "Antiode" como parte do livro *Psicologia da composição com a Fábula de Anfion e Antíode*. O apuro verbal atingido pelo autor, mesmo que pautado pelo rigor expressivo, vai atingir outro patamar a partir de então, tanto olhando para o verso no curso da linha, com seu metro e sua rima, quanto considerando o contorno da estrofe, arredondada em quadra e seus múltiplos agrupamentos, impossíveis de serem pensados, senão pela nucleação da discursividade impulsionada de quadra a quadra. Não deixa de ser curioso que, daí em diante, toda compreensão expressiva da obra de João Cabral de Melo Neto vai ser chancelada pelo crivo da quadra, como sendo uma condicionante do seu estilo. Estilo esse que vinha se expandindo e se suprimindo, paradoxalmente, até aqui, a partir de quando passa a seguir incontornavelmente como uma verdade poética inabalável, tamanha é a força que aparenta. Convencendo pela segurança apresentada na totalidade da obra, não era exatamente assim que seus versos se formalizavam antes, ao menos não de modo cabal até *Uma faca só lâmina*. Mas como nem só de quadra vive a forma, vejamos como a formalização se dá no interior das quadras.

C
Cuidado com o objeto,
com o objeto cuidado,
mesmo sendo uma bala
desse chumbo ferrado,

porque seus dentes já
a bala os traz rombudos
e com facilidade
se embotam mais no músculo.

Mais cuidado porém
quando for um relógio
com seu coração
aceso e espasmódico.

É preciso cuidado
por que não se acompasse
o pulso do relógio
com o pulso do sangue,

e seu cobre tão nítido
não confunda a passada
com o sangue que bate
já sem morder mais nada.

Então se for a faca,
maior seja o cuidado:
a bainha do corpo
pode absorver o aço.

Também seu corte às vezes
tende a tornar-se rouco
e há casos em que ferros[1]
degeneram em couro.

O importante é que a faca
o seu ardor não perca
e tampouco a corrompa
o cabo de madeira.[2]

Autocentrado na própria expressão, vale lembrar, o enredo do extenso poema está distribuído ao longo de 11 partes, cada qual constituída de oito quadras, totalizando a soma de 88 quadras e 352 versos, que encerram o livro todo, sem exibir nenhuma referência explícita: seja rua, bairro ou cidade; seja dia, mês ou ano. Pasmado

---

[1] Originalmente, em *Duas águas* (1956), esse verso compunha-se "e há casos em que lâminas".

[2] Melo Neto, 2020, p. 212.

(atual cidade de Abreu e Lima) e Nordeste comparecem ali em função predicativa: "lâmina de Pasmado" e "Sol do Nordeste". Aliás, todos os demais referentes sinalizados na obra – seja relógio, seja bala – adquirem conotação singularizada, que se renova a cada reincidência do mesmo significante. O raciocínio se aplica à palavra "relógio" anaforicamente repetida na terceira e na quarta quadras dessa parte "C" do poema, que mesmo aí reclama significações distintas pelo sentido que absorve das palavras contíguas – seja "coração", seja "sangue" ou "cobre". De uma maneira ou de outra, o vocábulo "relógio" desenvolve uma conotação emprestada da referência de que se vale, saltando de uma indicação genérica para a circunstância de pronunciamento no poema, onde adquire uma significação particular, que passa do símile para a metáfora, sem mais prestar tributo àquela referência primeira, que, esvaziada, antes lhe serve de suporte e somente. Com isso, o que se verifica na circunstância discursiva é o engenho da significação, residente mais no poema que se faz, do que na referência que lhe é exterior.

Se tal movimento de escrita é perceptível quando tomamos o mesmo vocábulo na mesma posição do verso na mesma parte do longo poema, por seu turno, adquire significação ainda mais aguda quando a mesma palavra muda de posição no curso do verso, a exemplo do que acontece no primeiro dístico, onde o significante "objeto" serve de predicação ao "cuidado", funcionando como parte do enunciado e como sua reduplicação, haja vista que a palavra "objeto" refere também o objeto em si, o qual deve ser cuidado, e funciona na oração como um objeto sem sujeito, que assim vale pela advertência sobreposta. Em termos oracionais, a supressão subjetiva corresponde ao primado objetal que o poema reclama e instaura.

Já no segundo verso, pela anteposição do cuidado que lhe era reclamado no verso anterior, o significante "objeto" passa a ser qualificado pelo cuidado de que se lhe havia advertido. Simultaneamente, o mesmo cuidado que adjetiva o objeto no segundo verso também passa a ser indicado pelo objeto que o nomeia. Então, se antes a palavra "objeto" se voltava para a exibição de si própria na condição objetal da frase e na condição de referência que se autonomeia, agora o mesmo significante "objeto" aponta para o cuidado com que se limita e com o qual se identifica, sendo, ao mesmo tempo, a substância a que deve ser devotado algum cuidado e a maneira de qualificar o cuidado como sendo um objeto, que se reduplica no cuidado para consigo próprio e, portanto, se transfere para o objeto, que, no mesmo dístico e na mesma frase, funciona como substantivo e como adjetivo, como fundamento e como descrição de si mesmo. Uma condição da qual não é possível se apartar e que só ganha esse sentido exatamente ali, naquela circunstância, intransferível.

Tal tratamento formal que pode ser visualizado mediante o léxico, antes mesmo de se lhe depositar um significado consensual e consabido, também pode ser estendido a outros estratos formais, o que já está sinalizado pela sintaxe do mesmo dístico, cuja inversão altera significativamente o sentido expresso, sem alteração do vocabulário, que se mantém o mesmo, constituído das mesmas quatro palavras: "cuidado", "com", "o", "objeto". A declaração referencial do primeiro verso perde toda sua força e se esvazia no verso seguinte, que só se torna inteligível sob a designação do objeto, que vem a ser o próprio cuidado. Consuma-se, por conta disso, uma significação sobreposta entre o cuidado reclamado e o objeto que vem a ser. Com isso, no primeiro verso há um objeto na frase que se nomeia como "objeto" e, no segundo verso, um objeto que é o cuidado, sobreposto e correlato àquele que se apresentara antes.

A circularidade da enunciação que incide sobre si própria acaba por produzir uma significação que recai sobre a composição como um todo, indicando uma propriedade sua, pautada pela metalinguagem que descreve o próprio entendimento do verso e, por extensão, a poesia também. Tratando-se, pois, de versos que explicam e nomeiam a si mesmos, a propriedade autoexplicativa da linguagem se transfere cursivamente para o enunciado como um todo, que não se basta como uma sentença linear, hierarquicamente ordenada. Ao invés, tal propriedade se expande como uma condição discursiva materializada em versos e em outros expedientes da poesia, não mais redutível à novidade expressiva tão somente, mas, devido à franca expansão da linguagem, serve de explicação e de justificação por si mesma, pelo desempenho em língua portuguesa como um traço expressional que vai até onde o idioma português não poderia ir por conta própria, sem um sujeito a equilibrar a enunciação.

Quando chegamos a esse nível de compreensão, óbvio está que a referência só interessa residualmente, porquanto pode alimentar o organismo poético que se anima por meio da própria proposição, para a qual interessa menos o que se diz do que a forma através da qual se entabula um discurso. Com isso, a forma se degenera enquanto veículo de uma informação para se desenvolver enquanto objeto autônomo que carrega consigo a informação que lhe interessa e interessa ao leitor identificado com a compreensão de arte moderna, para a qual todos os objetos de linguagem podem ser pautados pela sua maior ou menor capacidade de incidir sobre sua veiculação, o que vale para o figurativismo na pintura, para a melodia na música e para a cursividade na poesia, que também se volta para si, tal como ocorre em outras linguagens não verbais, assenhorando-se de sua própria legibilidade e legitimação.

Por essas condicionantes todas e por outras mais, podemos entender que a poesia que salta do poema-livro *Uma faca só lâmina* se inscreve na convenção por estar pautada pela desagregação da metáfora – como já havia observado Benedito Nunes[3] a propósito da "Fábula de Anfion" – e, agora, é reforçada pelo embaralhamento dos termos, que deixam de ser equivalentes no curso do verso, para

---

[3] Nunes, 2007, p. 39.

que haja uma circularidade, que rompe a hierarquia entre o termo antecedente e o termo consequente, sem que saibamos ao certo qual era a referência primeira, à qual se deposita um novo significado em movimento. Por outra via, o significado se transfere em espiral para o termo contíguo, que retorna sobre si próprio, ampliando o significado, que perde seu eixo, se o tomarmos como um ponto fixo. Em vez disso, a significação sempre em processo se precipita sobre si própria, interferindo no significado anterior, ao passo que engendra outra significação daí decorrente sem seguir um fluxo retilíneo, mas retornando à elaboração inicial.

Daí se depreende que essa obra de João Cabral, à medida que versa sobre si própria e sobre o próprio fazer poético, a partir de seus elementos constituintes, é o tipo de obra que interessa tanto mais, quanto mais investigarmos os elementos através dos quais se dá sua revelação estética, necessariamente racional. Para o exercício de sua leitura, o sujeito leitor tem que se colocar dinamicamente diante do texto, sem esperar por um ponto de observação fixo ou por uma verdade prévia a ser desvendada. Mais do que qualquer informação anterior, que não resiste à circularidade da significação que a leitura da obra enseja, interessa a disposição de manter desperto o jogo de associações que os significantes estabelecem entre si, porque esse é o propósito da composição, que, afinal, é o propósito de toda composição. Explicitada a disposição que deve animar o leitor diante da obra como uma possibilidade de experiência estética, tal experiência não pode se restringir à contemplação – etapa necessária à reflexão –, mas expandir sua expectativa na significação acionada durante a leitura. Com isso, toda a significação que o poema-livro suporta haverá de passar pelos códigos que ele mesmo instaura nos múltiplos níveis de leitura – lexical, sintático, sonoro, rítmico, métrico ou rímico. Até agora, mantivemo-nos exclusivamente nas quatro primeiras estrofes da quarta parte do poema-livro, em sua dimensão léxico-sintática.

Por suposto, é possível perceber algo no nível métrico ou estrófico, que é onde o autor mais explicitamente grava os traços de seu estilo, aqui performado mediante um uso invulgar do metro de seis sílabas, da rima toante e da quadra – elementos todos pouco usuais à expressão de língua portuguesa, senão nos estratos populares da tradição mais remota, associada a imemoriais tempos ibéricos, que se atualizam entre nós. Sem pretender ser popular nem medieval, João Cabral de Melo Neto encontrou por aí um veio expressivo que renovou não somente seu estilo pessoal, mas a poesia como um bem comum, que no seu caso vem sempre grafada em maiúscula. Aqui temos uma breve ilustração, recortada de uma parte do poema-livro que inaugura a sedimentação de certo traço estilístico, que não se esgota nesse momento de enunciação, porque já estava prefigurado antes – a exemplo do poema "O vento no canavial" – e será projetado indefinidamente nos 30 anos seguintes de prática da poesia.

É preciso ressalvar, todavia, que antes de eleger uma parte da obra para servir de índice compreensivo de uma lavra autoral que se estende ao longo de 50 anos, cumpre que se levante alguma hipótese interpretativa que enlace, circunstancialmente, a parte sob análise com a totalidade da obra que a enfeixa, dado que tal eleição só tem razão de ser porquanto aciona um mecanismo discursivo maior, ao qual se integra. Isso posto, por mais intrigante e intrincada que seja a fabulação constitutiva de *Uma faca só lâmina*, demanda alguma consideração a pretexto de sintetizar a microscopia textual com a matriz discursiva que lhe serve de suporte. Seguindo o fio do raciocínio, a primeira observação a ser feita sobre o texto como um todo, que aqui ficou nucleado no dístico "Cuidado com o objeto / com o objeto cuidado", é a de que se trata de um texto erótico, de virilidade pulsante e sublimada. Embora a parte analisada tenha sido escolhida em conformidade a certa particularidade expressional inscrita no número quatro, a quarta parte do extenso poema adquire propriedades imprevistas, quando cotejada com as partes contíguas que lhe inserem numa totalidade portadora de sentido autônomo, tal como prosseguimos com a observação de parte a parte.

Faz-se necessário deixar claro que a ocasional prosificação da poesia exercitada aqui tem mero propósito especulativo, sem jamais substituir a significação da obra em suas infinitas potencialidades, que aqui ficam circunscritas a uma hipótese animada pela articulação de uma parte da composição com a obra como um todo, circunstanciada pela síntese forjada por uma descrição do seu enredo. Como o enredo do poema jamais será linear, devido aos elementos de composição lírica, menos ainda seria possível querer imprimir uma possível linearidade ao poema de João Cabral de Melo Neto, e menos ainda se esse poema for *Uma faca só lâmina*. Uma vez descartada a legitimação compreensiva da obra pela descrição do enredo, aqui restrita à abstração didática de seu desempenho discursivo, passemos ao acompanhamento das partes da composição que rejeitam por princípio e por realização verbal qualquer linearidade, ora contrafeita pelo amparo da cronologia gráfica de *Uma faca só lâmina*, que contradiz o andamento compassado do discurso.

Na primeira parte (sob a marcação de itálico), cogita-se a experiência de uma bala, similar ao relógio, enterrada no corpo, com o gume de uma faca sem bainha, que transformasse a anatomia íntima e ferisse o próprio homem; na segunda parte (sob a marcação de "A"), aquela faca ou relógio se faz uma ausência pesada, pulsando em sua gaiola, igual a uma lâmina cruel – a imagem de uma faca entregue à fome; na terceira parte (sob indicação de "B"), a faca cultivada qual metáfora medra do que jejua. Simula uma boca vazia que destila os sabores íntimos com sua máquina perversa que cresce ao se gastar, cujo corte lhe aumenta como se se medisse pelo avesso; na quarta parte (sob indicação do "C"), o objeto cuidado, cujos dentes se embotam no músculo, com seu coração espasmódico e com o pulso do sangue, não morde mais nada, já que a bainha do corpo pode absorver o aço, se não degenerar em couro ou perder seu ardor;

a quinta parte (sob indicação de "D") constata que às vezes se apaga ou se adormece o relógio, cessando sua abelha, calando sua alma, cegando sua lâmina, seja relógio, bala ou faca – relógio de breu ou faca de mel; na sexta parte (indicada pelo "E"), afirma-se que é preciso manter a faca oculta, já que seu relâmpago não dura. Cuidado maior deve-se ter se a brasa não for faca, relógio ou bala, pois as atmosferas não suportam a carne selvagem, que quer câmaras. A febre desse sol mata a sede na terra; na sétima parte (sob indicação de "F"), seja a faca, a bala ou o relógio que guarde a ferida, ninguém pode retirá-la do corpo, independentemente da raça. Ninguém a retira, nem mesmo a mão de outrem, nem a medicina nem a aritmética, nem a polícia, nem o tempo; a oitava parte (sob indicação de "G") reforça que a bala carregada pela carne deixa menos rarefeito quem a guarda. Sendo inseto indócil, deixa o corpo desperto. O fio da faca, mordendo outro corpo, vai se armando em tudo que é vago, tal como um homem conserva seus 13 anos na palma da mão, feminina; na nona parte (indicada pelo "H"), quando um homem trabalha com palavras, convém o uso de figuras de linguagem, nas quais as palavras perdem seu metal, que serve de matéria para a faca, para o relógio e para a bala. Somente quando convertido em bala poderá obter a agulha feroz, a violência limpa do estilo; na décima parte (indicada pelo "I"), quem guarda a faca, o relógio ou a bala sabe acordar os objetos em torno de si. Tudo que era vago ganha vida intensa com nitidez de agulha e presença de vespa. O homem a quem a faca corta e lhe empresta o corte, passa; na última parte (também sob indicação de itálico), a faca tanto mais condensa o homem quanto mais o mastiga, ficando sob a carne, donde vem a lembrança que vestiu imagens. Afinal, a presença de quem gerou a lembrança e ainda gera, ao tentar apreender a realidade, rebenta toda imagem.

    Finda a descrição gráfica do andamento da composição, talvez a constatação mais ostensiva que fica gravada aí seja a caracterização do homem recorrente do poema, que não é sinônimo de humanidade, e sim índice de virilidade, a considerar que o conjunto de imagens arrolado se pauta pela perfuração e pela travessia, quer esteja ilustrada por uma agulha ou uma abelha. A faca que fere, punge, pica, machuca e viola traz todas as marcas da virilidade, que, sem consumar o ato libidinoso ao longo do poema, refere-o e, abstraindo-o, sublima-o. Óbvio está que, ainda que tomemos o andamento da composição – símile do enredo – como elemento formal do poema, sua descrição não tem o condão de sintetizar o poema-livro, que fica pautado pelo contraponto compreensivo da parte analisada. Toda paráfrase alija a composição de seus elementos constitutivos, a menos que tomemos o rarefeito enredo como índice de confronto com os demais elementos formais, tal como se tentou aqui, sob a prevalência da análise sobre a síntese. Sem poder jamais sobrepujar a obra, a paráfrase do enredo vislumbrado exerce certa função ilustrativa, a qual pode ajudar residualmente no seu entendimento, também rarefeito. De outro modo, tampouco poderá ficar a compreensão da obra limitada à descrição de inversões sintáticas ou de substituições verbais, senão como um alento precariamente compreensivo e, ainda assim, válido como alusão ao objeto estético, laboriosamente construído, cuja revelação demanda o acionamento de expedientes os mais previsíveis e suspeitos, a título de revelação do que foi encoberto pela forma, que instila contrapontos em série.

QUADRO X
QUADERNA (1960)

Já foi incorporada ao anedotário em torno de João Cabral de Melo Neto uma dissensão talvez ociosa entre ele e Vinicius de Moraes, como se um pudesse representar isoladamente a subjetividade mais lancinante, e o outro, a racionalidade mais ferrenha. Ora, para aceitar a dualidade transformada em querela poética, seria preciso ignorar que existe subjetividade no exercício racional, ao menos desde o *cogito* cartesiano, e que transfiguração subjetiva por meio da poesia demanda algum recurso da razão instrumental para a estruturação dos versos. Ademais, existia uma simpatia confessa entre os dois poetas-diplomatas, os quais, mais do que colegas em ambos os ofícios, eram amigos que privaram ocasionalmente de uma convivência regular, para não dizer de um cotidiano comum. Não somente no âmbito do trabalho diplomático, mas também na prática da poesia, o que pode ser verificado pelos poemas dedicados mutuamente, tanto na composição de "Retrato, à sua maneira", de Vinicius de Moraes para João Cabral de Melo Neto, quanto em "Ilustração para 'Carta aos puros' de Vinicius de Moraes" e "Resposta a Vinicius de Moraes", de João Cabral para Vinicius. Além do mais, houve a publicação do livro *Pátria minha* (1949), do poeta carioca, editado pelo pernambucano em Barcelona, assim como consta no livro *Uma faca só lâmina* (1956) a dedicatória como um paratexto que enlaça o autor ao nome grafado na folha de rosto, como uma subscrição. Se a interlocução entre os autores já vinha se manifestando desde décadas anteriores, ganhará outros contornos na década de 1960, quando cada um se afirma como tendência expressional singular na língua portuguesa, cada qual a seu modo.

À revelia das escolhas e dos posicionamentos literários, a proximidade entre os poetas se estende no registro de cartas e de fotos que logo se converteram em índices que enlaçam vida e poesia como fabulações distintas. Recobremos o episódio talvez mais rememorado entre os dois, que hoje é possível acessar inclusive pela internet, por meio da reunião festiva em que estavam os dois: Vinicius cantarolando seus versos em suas canções de amor, enquanto João Cabral esperava ansioso com o copo de uísque na mão o fim da cantoria. No silêncio entre uma música e outra, para provocar e talvez desviar o amigo em seu enlevo, João Cabral dispara o desafio para que Vinicius cante em homenagem a outra víscera que não o coração. Após a risadagem geral, Vinicius sentencia que o amigo fique quieto, sob a ameaça de colocar música naqueles "Poema(s) da cabra". Por recato ou por diplomacia, João Cabral se calou.

Pois bem: sendo o episódio uma ilustração viva da amizade e do conhecimento poético mútuo, nunca deixou de haver admiração recíproca entre os dois poetas, a despeito da diferença constitutiva dos respectivos estilos e da compreensão de arte pautada e presente na escrita de um e de outro. O episódio sucintamente narrado calou fundo na designação do fazer poético de ambos, o que nos leva a investigar com alguma curiosidade aqueles tais "Poema(s) da cabra", sob o eco da dedicatória do livro anterior, composto de quadras e de referências rarefeitas, que agora se desdobra em *Quaderna*. Dedicado a Murilo Mendes, talvez a quem se devesse sua primeira edição e de quem João Cabral também era amigo de longas datas, inclusive com frequentação regular na Europa, o livro sacraliza o quatro.

Haja vista que o poeta mineiro era professor na Universidade de Pisa e sua esposa, Maria da Saudade Cortesão, era portuguesa de nascimento e filha do historiador Jaime Cortesão, tudo isso convertia a amizade comum em representação efetiva da cultura luso-brasileira, fosse por consanguinidade ou por herança e adoção cultural. Tendo sido o seu título *Tempo espanhol* (1959) publicado em Lisboa, pela Moraes Editora, decerto o poeta mineiro fez alguma mediação para que, no ano seguinte, seu amigo e poeta pernambucano publicasse pela Guimarães Editora, também lisboeta, o título *Quaderna* (1960), consumando a simpatia de décadas e que repercutirá ainda em décadas posteriores. Ademais, João Cabral de Melo Neto deve ter encontrado em Murilo Mendes a correspondência necessária para saldar a rarefação referencial convertida em forma, para dar recurso ao acúmulo poético conquistado no livro anterior, *Uma faca só lâmina*, onde a quadra se consagra como um bem próprio ao autor, ainda que inscrito na tradição ibérica.

Nem por isso a referência deixa de aparecer como problema, uma vez que a relação entre a quadra – tal como é praticada por João Cabral – e a realidade que se lhe apresenta não pode ser saldada por uma mimetização direta do objeto circundante. Antes disso, o objeto em pauta é recortado por um olhar do autor, que se compatibiliza na quadratura de sua projeção visual como limite projetado no horizonte da estrofe esquartejada em versos medidos e rimados, segundo imperativos que não são somente seus, oscilantes entre os metros 6, 7 e 8 e, ocasionalmente, em dísticos como células similares às quadras, mas não nesse livro, uma vez que em *Quaderna* a quadra impera sóbria e exclusivamente. Aí todos os objetos se nos parecem compatíveis com a quadra, seja uma bailadora ou um toureiro, seja um telefone ou um avião, seja ainda uma sucessão de cemitérios, de frutas ou de cabras. Sem caber aqui a enumeração de todos os objetos que se fizeram matéria de poema nesse livro, vale o registro de que ali foram reunidas algumas das mais altas composições da língua portuguesa, a exemplo de quando nos deparamos com "Estudos para uma bailadora andaluza" ou "A palo seco", poemas metalinguísticos que versam sobre os princípios que animam a poesia cabralina.

 Sem poder contornar a evidência de que a locução adjetiva "da cabra" pode ser elidida no adjetivo "cabral", os "Poema(s) da cabra" não têm como deixar de ser poemas que falam da modalidade cabralina de escrita. Falando da cabra, o autor fala de si mediante procedimento agudo, segundo o qual o significante desprovido de significado imanente passa a sobejar outra significação. Também sem poder se confundir diretamente com o animal, e não estamos diante de uma fábula, a raiz da palavra "cabra" é a mesma raiz do sobrenome "Cabral", com que o autor se identifica e pelo qual responde. Sem poder, ainda, berrar como a cabra, o autor especula através dos significantes sonoros e gráficos algum meio de encontrar um tom para a impostação de sua voz autoral, que não é gregária nem caudatária da tradição imediata, e sim dissidente e dissonante, para a qual a cabra se oferece como ótimo objeto de exploração, para se conformar à quadra de ascendência ibérica. A pretexto de encerrar a cabra na quadra, João Cabral encontra um recurso para expressar a si próprio sem a figuração de um ente que pudesse se colar na identificação de um "eu", mas depurado de um significante que se lhe aproxima de seu sobrenome, como uma instância de revelação anterior à sua colocação subjetiva e por meio do qual enlaça toda sua ancestralidade. Com isso, a natureza da cabra se compatibiliza com o sobrenome que o autor carrega como uma sobredeterminação, em cima da qual sapateia num ritmo todo próprio. O modo tangencial do autor falar de si enseja uma implicação formal de extensa e funda duração na obra, que vinha sendo ruminada há décadas e que agora parece encontrar correspondente adequado.

 Constituída de 11 partes, cada qual com quatro quadras, a composição "Poema(s) da cabra" reúne 44 quadras e 176 versos. A primeira e a última parte da composição – tal como acontecera no livro *Uma faca só lâmina* – estão grafadas distintamente e sem numeração, só que na primeira edição sua distinção gráfica se dava pelo itálico e nas últimas edições são distintas pelos parênteses que as contornam. Assim ficou desde a segunda edição do livro, coligida no volume *Terceira feira* (1961), tendo sido a edição *princeps* publicada em Lisboa, com um acabamento gráfico singular e exclusivo àquela publicação. A começar pelo "Vocabulário" grafado ao final do livro, que pode ser lido como uma seção de variantes regionais, bem como um idioleto autoral que jamais voltou a ser publicado em lugar algum. Outra exclusividade comum àquela publicação primeira do livro *Quaderna* e que incide diretamente sobre a composição "Poema(s) da cabra" é que, excetuadas as partes grafadas em itálico – na primeira edição – e entre parênteses – da segunda edição em diante –, as outras partes não vinham indicadas pela numeração, tal como passou a vigorar depois, e sim pela nomeação de cada uma das partes, que, decalcando uma expressão da própria passagem do texto, se colocava à margem direita da página, conforme já acontecera anteriormente com *O cão sem plumas* e *O rio*. Também nesse poema de *Quaderna* o mesmo procedimento epigramático é acionado, para marcar o andamento da composição conforme o assunto tratado, instituindo um procedimento textual que se limita com um paratexto similar à epígrafe, que, no caso, era extraído de cada parte da composição, a qual pode ser lida autonomamente, justificando o "s" entre parênteses do título, que permite a compreensão de ser um poema só e vários, ao mesmo tempo.

    Para efeito de análise, sob a hipótese de que a parte da composição se faz ilustrativa de seu todo, bem como ilustra a totalidade do livro que o enfeixa, recortemos a parte que recebe o número 4, da segunda edição em diante, sendo, na verdade, a quinta parte ou quinto poema da cabra na sequência compositiva que se constitui de 11 partes, uma vez que a primeira e a última não são numeradas. Sendo a quinta parte das 11 em que se distribui a longa composição, estamos muito próximos de seu eixo, do seu núcleo. Núcleo esse que, em seguida, será anunciado como visível "por debaixo de muitas coisas" e "por debaixo do homem do Nordeste", os segundos versos dos "Poema(s) da cabra" 8 e 9, ou ainda, sob a indicação de "Mesma casta" e de "Aço do osso", conforme consta na primeira edição. Nesse momento nuclear da composição, quando esse "Poema da cabra" é indicado pelo número 4 ou pela rubrica "inconformado conformista", dispomos dos seguintes versos:

> Quem já encontrou uma cabra
> que tivesse ritmos domésticos?
> O grosso derrame do porco,
> da vaca, do sono e de tédio?
>
> Quem encontrou cabra que fosse
> animal de sociedade?
> Tal o cão, o gato, o cavalo,
> diletos do homem e da arte?
>
> A cabra guarda todo o arisco,
> rebelde, do animal selvagem,
> viva demais que é para ser
> animal dos de luxo ou pajem.
>
> Viva demais para não ser,
> quando colaboracionista,
> o reduzido irredutível,
> o *inconformado conformista*.[1]

A expressão "o inconformado conformista" salta do texto para identificá-lo à margem direita da página, conforme consta na primeira edição. Dali em diante, as indicações de cada um dos

---

[1] Melo Neto, 2020, p. 260.

"Poema(s) da cabra" vão passar a ser grafadas em itálico no interior da composição, conforme consta em todas as demais edições. Não deixa de ser curioso que nalgumas edições a primeira e a última parte da longa composição ou, ainda, o primeiro e o último "Poema(s) da cabra" venham grafados em itálico, o que nos leva a crer que a grafia das partes do texto em itálico se deva mais a imperativos editoriais do que autorais. Dessa parte, identificada como "inconformado conformista", que ora sai para se destacar à margem direita do texto e ora se fixa ali sob marcação de itálico, é possível verificar duas variações entre a primeira e as demais edições: o terceiro verso, "o grosso derrame do porco", vinha grafado com uma interrogação ao final e passou a ser finalizado por uma vírgula; o décimo verso, "rebelde, do animal selvagem", de início terminava com um ponto, que foi convertido em vírgula nas edições subsequentes.

Se tais variações, a despeito de alterarem o fluxo sintático da frase, não interferirem na compreensão do poema em particular nem da composição como um todo, decerto haverão de repercutir nos princípios criativos do autor, à medida que passam pelo crivo da sua revisão e da interferência editorial, quando se convertem parênteses em itálico ou quando se suprimem os paratextos constituídos pelo próprio autor para a identificação de cada parte do texto sob a grafia distintiva de sua escritura. "Inconformado conformista", como toda parte da extensa composição, serve para identificar a cabra em pauta, sem deixar de aludir aos princípios composicionais do autor por meio da própria marca distintiva, que o identifica e com quem se identifica pelos aspectos funcionais do texto e da existência.

Nos idos de 1960, em plena vigência da Guerra Fria e da espionagem à solta, a acusação de colaboracionista figurava um trunfo usado para suplantar qualquer argumento adversário, que decerto recaía sobre quem exercesse função diplomática, como era o caso de João Cabral de Melo Neto. Acresce que fazia pouco menos de uma década que o autor tinha sido afastado de suas funções diplomáticas, justamente por ser acusado de colaborar com os russos, para proceder um golpe de Estado por dentro do Itamaraty. Soando bastante fantasiosa aos olhos de hoje, a acusação rendeu ao poeta a suspensão dos seus vencimentos por quase dois anos, o que decerto estava gravado na sua memória de então, ecoando em seus versos. Por isso, quando aciona o vocábulo "colaboracionista", descolado de si, a que se imantava como um chiste ou uma piada de mau gosto, reiteradamente soava como uma pronúncia cega. Tudo isso é reforçado pela associação da palavra "colaboracionista" com "conformista", por meio da rima que cria uma desestabilização semântica pela impregnação do sentido do termo contíguo que lhe é associado, mesmo sob a utilização da rima consoante, absolutamente acidental ao poeta, cuja tônica expressiva é mais pautada pela rima toante. A desestabilização que o uso da rima consoante imprime na expressão autoral reforça e equivale à desestabilização semântica depurada da associação entre aqueles vocábulos atados pelo som, diversamente ao que realizara nas duas primeiras estrofes, ao justapor os vocábulos "domésticos" e "tédio", ou, ainda, "sociedade" e "arte", em rimas toantes com sentido que nos chega de imediato, haja vista a proximidade entre o tédio e as coisas domésticas, bem como a relação possível desde sempre entre arte e sociedade.

Como mediação entre as rimas toantes e as consoantes, ao fazer a associação semântica entre "selvagem" e "pajem" existe uma sintonia entre a consonância de sentido e de som que rompe a atonalidade da rima toante constituída anteriormente, ainda que sob alguma identidade do significado engendrado. Em contrapartida, quando projeta o espelhamento invertido entre "colaboracionista" e "conformista", a aparente sintonia sonora realça a desestabilização semântica, não só porque inverte a ruptura toante ecoada na rima consoante que se consolida ali, mas também porque o eco da aparente identidade entre "colaboracionista" e "conformista" sofre a desestabilização promovida pelo adjetivo "inconformado", que transfere sua qualidade indubitável para o "conformista" e lhe confere uma substância peculiar. Existe aí uma correlação entre o uso lexical que se projeta na utilização da rima e o que vem a ser indicativo da expressão autoral, a qual subverte a si mesma sob o travestimento de uma utilização da linguagem, ilustrada pela rima consoante, que o projeta noutro plano, tal como a cabra entoa uma figuração.

A cabra figurada na primeira estrofe não tem ritmos domésticos nem se associa a outros animais destinados ao abate, a exemplo do porco ou da vaca, cujo tédio e sono são correlatos no curso dos versos. Talvez para enfatizar a correlação, houve a mudança na pontuação da primeira edição – quando havia a interrogação após o porco –, que absorveu uma vírgula em substituição ao ponto interrogativo, promovendo uma simetria entre a quantidade de interrogações entre a primeira e a segunda estrofe, mas sobretudo promovendo uma equivalência entre o porco e a vaca, eternos portadores do sono e do tédio, contrafeitos e contrapostos à cabra. Não sendo animal doméstico, tampouco seria a cabra animal de sociedade, feito para exibição ou desfile diante de um público, ao qual se mostra arisco, quase selvagem. Por isso, a cabra não se presta à arte, diferentemente do cão e do gato, que são frequentemente ilustrados em pinturas ou em fábulas, e mais ainda o cavalo – engenho de arquitetura e de poesia. Se tais observações podem ser depreendidas do plano referencial da composição depreendido da pontuação cambiante, uma vez feita a modificação da primeira edição, é preciso assinalar a recorrência simétrica das interrogações no segundo e no quarto versos da primeira estrofe e da segunda, que absolutamente desaparecem na terceira e na quarta estrofes, figurando respostas às interrogações presentes nas duas primeiras estâncias.

Se nos ativermos, todavia, ao nível lexical, teremos descobertas surpreendentes, pois as locuções adjetivas "de sono" e "de tédio" que qualificam o porco e a vaca, por oposição, não se aplicam à cabra. De igual modo, os genitivos "do homem" e "da arte", que se conectam ao cão, ao gato e ao cavalo, tampouco se ligam à cabra. De maneira que toda a predicação existente nas duas primeiras estrofes, que são interrogativas, diz respeito a outros animais, mas não à cabra. Em contrapartida, a terceira estrofe e a quarta, que parecem responder às perguntas entabuladas antes, se referem às propriedades da cabra, ainda que sob atributos negativos: arisco, rebelde, selvagem... Sem poder ser animal de luxo ou pajem, a semântica recorrente na terceira estrofe repercute o sentido impregnado nas duas primeiras, antes pela ausência de atributos comuns a outros animais e depois pela negação das qualidades da cabra, o que parece sofrer alguma transformação na quarta e última estrofe da composição, que se inicia com o seguinte verso: "Viva demais para não ser".

"Viva demais para não ser" é um verso que carrega duplicidades sobrepostas, quer tomemos "viva" como equivalente de "esperta", bem como daí decorre o sentido de "não ser", que traz consigo alguma positividade, a despeito do impositivo advérbio de negação. "Não ser" implica antes de tudo um modo de não se mostrar e, por conseguinte, de não se deixar capturar, porquanto permanece incógnito, desprovido de atributos. Segundo o raciocínio, a ausência de atributos figura uma vantagem em relação a quem os tem, porque se mostra como algo identificável e apreensível, inclusive fisicamente; diferentemente da cabra, que, mesmo quando "colaboracionista", é irredutível como sua única redução, "o reduzido irredutível", tal como informa o penúltimo verso. Curioso mesmo é que os três últimos versos dessa última estrofe se constituem como apostos resultantes do cavalgamento do primeiro verso, cujo sentido se amplia nos versos seguintes. De maneira que os versos "quando colaboracionista,", "o reduzido irredutível" e "o inconformado conformista" respondem à predicação de "Viva demais para não ser". Com isso, a atribuição de sentido da cabra é feita pelos versos, e não mais pelas locuções ou genitivos com funções predicativas. Se os demais animais eram qualificados por um procedimento da linguagem ordinária – fosse locução adjetiva ou genitivo –, a cabra virá a ser predicada por uma coisificação da linguagem que se chama verso e, por reduplicação, a cabra se faz um elemento constitutivo da poesia, ao menos nesse poema, ainda que se mantenha não sendo animal de sociedade ou de arte, aliás, talvez por conta disso adquira tanta força expressiva na pena autoral.

QUADRO XI

DOIS PARLAMENTOS (1960)

Tendo sido publicado inicialmente em Madri, em edição que logo se tornou raridade bibliográfica, o livro *Dois parlamentos* (1960) só circulou mais largamente em meio ao público brasileiro no volume *Terceira feira* (1961), assim como *Quaderna* (1960), que havia sido publicado em Lisboa no ano anterior. Fosse porque trouxesse consigo o inédito *Serial* (1961), fosse porque trouxesse no seu interior livros inéditos ao mercado brasileiro, o fato é que *Terceira feira* teve grande repercussão no Brasil. A tiragem excedeu os dois mil exemplares, a considerar a numeração constante em qualquer volume facilmente encontrável nos sebos, e a encadernação teve a capa de Aloísio Magalhães, que já encampara outros dois projetos de João Cabral de Melo Neto: *Pregão turístico* (1955) e *Aniki Bobó* (1958).

Entre as orelhas do volume original, podemos destacar algumas informações. Na orelha final, constam outros títulos da Editora do Autor, de autoria de seus sócios e subscritores Paulo Mendes Campos, Rubem Braga, Fernando Sabino e Manuel Bandeira. Como todos eram amigos de João Cabral de Melo Neto, difícil é saber a qual deles foi endereçado o bilhete constante na orelha inicial, que reza o seguinte:

> Aqui vai o livro; título: botei Terceira feira (no sentido de ser esta a terceira vez em que saem poemas reunidos meus em edições comerciais do tipo "feira livre") mas não é definitivo. Poderia ser igualmente:

História natural
Poesia partida em quatro
Segunda mesa
Prosa em poesia

Ou mais rotularmente:

Vários poemas vários
Novos poemas reunidos,

Ou apenas:

Poesia,
Poemas,
etc.

Se preferir qualquer destes, risque o que já estava escrito nos originais e escreva o novo.[1]

Como não está explícito quem era o destinatário do bilhete, o fato é que a editoração da Editora do Autor achou por bem manter a sugestão inicial de João Cabral de Melo Neto, e como *Terceira feira* ficou o título do volume, que jamais foi reeditado como trilogia, nem sob qualquer outro título. Os livros aí reunidos, quando reeditados, se conformam à autonomia de sua configuração como um todo construído por si, sem nunca mais se subordinarem à coleção que lhe dera estampa inicialmente no Brasil. Aliás, é preciso referir as duas edições comerciais que reuniram poemas de João Cabral de Melo Neto anteriormente: *Poemas reunidos* (1954), pela Editora Orfeu, e *Duas águas* (1956), pela José Olympio Editora, donde o adjetivo de "Terceira" constante no título do volume.

---

[1] Melo Neto, 1961, s/p (textos da capa).

A informação interessa para dar a dimensão do raio de alcance de João Cabral de Melo Neto junto ao público já naquele momento, anterior à sua entrada na ABL e da publicação de *A educação pela pedra* (1966), que também viria a lume sob a chancela da Editora do Autor. Naquele bilhete timbrado na orelha, tal como se refere ao destinatário, João Cabral revela certo enfado e cisma imoderada com a publicação comercial, como se tivesse de fazer alguma concessão para se ver estampado em livro. Não estranha suas reservas às condicionantes mercadológicas, haja vista sua atuação invulgar como editor artesanal por meio do selo O Livro Inconsútil, no qual havia publicado, além de dois títulos autorais, títulos de Manuel Bandeira, de Vinicius de Moraes e de Joaquim Cardozo. A diferença editorial passa pela consideração de que a Editora do Autor era explicitamente uma casa comercial, destoando da intervenção do editor João Cabral de Melo Neto, que tivera outra entrada no âmbito editorial. Tendo sido o pioneiro entre os *Editores artesanais brasileiros* (2013), elencados por Gisela Creni, o poeta deveria guardar alguma reserva em relação às edições comerciais a que teve de se submeter, pelo imperativo mercadológico que pauta a distribuição da obra, numa inversão desproporcional entre a veiculação e o menor cuidado gráfico, como grandezas excludentes.

Mas o que chama mesmo a atenção no bilhete é a autorização de João Cabral, para que, conforme o gosto do circunstancial editor, o livro mudasse de título sob uma lista de sugestões bastante reveladora, que vai de "História natural" a "Segunda mesa", passando por "Poesia partida em quatro" e "Prosa e poesia", que se desdobram ainda em "Vários poemas vários" ou "Novos poemas reunidos", cujo resíduo nomeável seria "Poesia" e "Poemas". Se o editor ou os editores não interferiram no título, ficaram autorizados a fazer qualquer modificação que julgassem pertinente, respaldados pelo próprio autor. Aliás, é bem possível que aquele volume tenha se mantido de acordo com a versão enviada pelo autor ao prelo, mas somente ali, porque, logo na edição seguinte dos livros ora reunidos sob o título de *Terceira feira*, todos sofreram maior ou menor alteração no curso dos versos ou das estrofes, restando difícil saber se tais alterações foram operadas devido à vontade espontânea do autor ou a sugestionamentos editoriais, sob licença desconfiada dos ditames comerciais, tal como manifestara o poeta naquele texto que ficou grafado na orelha do volume como uma cisma ou uma advertência.

Em se tratando de *Dois parlamentos*, a mudança foi radical, pois somente até a publicação de *Terceira feira* – possível "Poesia partida em quatro", conforme a sugestão de título do próprio autor – o livro está estruturado em quadras, tal como os outros dois que lhe são contíguos ali. Dali em diante, onde o livro estava todo estruturado em grupo de quatro quadras, *Dois parlamentos* passou a ser grafado, publicado e lido em estrofes de 16 versos, por meio do agrupamento das quatro quadras, sem que assim tivesse sido originalmente, e assim tivesse se mantido até *Terceira feira*, depois do qual outro é o sistema estrófico que vai animar a composição de *Dois parlamentos*. Por isso, podemos afirmar que *Dois parlamentos* é um livro até *Terceira feira* – enquadrado em estrofes de quatro versos – e outro será depois desta publicação, a partir de quando passa a ser estruturado por estrofes de 16 versos, e não mais em grupos de quatro quadras.

Até ali, também sob condicionantes editoriais, o livro *O rio* sofrera a alteração do agrupamento de 16 versos por página para estrofes de 16 versos, não mais por página, algo episódico na trajetória autoral de João Cabral de Melo Neto até ali e que agora ganha reforço acidental, com ocorrências estruturantes somente nesses dois casos: *O rio* e *Dois parlamentos*. Cumpre asseverar que, em ambos os casos, a conversão e consolidação da estrofe de 16 versos se deu sob instâncias editoriais, dada a incompatibilidade com a versão original de ambas as obras, quando nem uma nem outra se compunham assim. Decerto a motivação tangenciou a economia do espaço da página para as respectivas publicações, pois um efeito é o de grafar quatro quadras numa mesma página e outro, completamente outro, é o de grafar o mesmo texto em estrofes de 16 versos, como se a supressão do espaçamento entre estrofes e a própria definição da estrofe não interferissem no curso da leitura. Após a mudança, a leitura passa a ser pautada por outra condicionante estrófica, que redimensiona cada um dos versos, os quais passam a ser lidos mediante outro agrupamento, como se interessasse somente a cursividade do enunciado, sem remissão ao contorno particular que cada verso carrega consigo em face da estrofe que o define, ao contrário do que o autor propunha desde antes e que, naquele momento específico, se consolidara pelo uso da quadra, que marca a expressão autoral em voga desde antes e que ali se consolida. A interferência no estilo em foco se evidencia tanto mais, quanto mais considerarmos que a quadra passou a ser tomada como um traço distintivo daquela poesia, notadamente da que se publicara na década de 1960 e que, desde então, se ramificou em diversas direções.

Por certo, a alta tiragem de *Terceira feira* fez com que o volume circulasse com folga entre seus leitores, o que justifica a menção de Benedito Nunes em 1971 e de Antonio Carlos Secchin em 1985, ao se referirem ao livro como estando estruturado em quadras – porque decerto travaram contato com a obra em sua versão primeira –, mas não é essa a nota dominante de seus leitores. Não porque tivessem outro entendimento da poesia, e sim porque o volume que chegou a suas mãos apresentava o livro em estrofes de 16 versos, e não mais em quadras. Ao menos como registro histórico, vejamos como um de seus leitores primazes apresenta o livro *Dois parlamentos*:

> A disposição estrófica a que obedece o agrupamento das imagens em "Congresso do polígono das secas" é a quadra. As diferentes imagens dos "Cemitérios gerais" distribuem-se por 16 quadras, isto é, 16 versos, e a soma dos 16 conjuntos, 256 versos. Longe de produzirem o efeito vago de sortilégio evocativo, as imagens, que não se interpenetram,

sucedem-se claramente como elementos distintos de uma série. É a série das qualidades ou dos atributos do objeto, decomposto em unidades descritivas e rearticulado numa estrutura formal plena de sentido, que comporta duas ordens: a primeira segue a sucessão linear dos conjuntos, tal como se dispõem no texto, e a segunda, em alternativa à primeira, é a que o próprio leitor poderá estabelecer, dispondo esses conjuntos de forma que a sucessão deles corresponda à ordem natural dos algarismos, de 1 a 16, com que se relacionam.[2]

Publicado, inicialmente, em 1971, o texto de Benedito Nunes já contava com a publicação das *Poesias completas* (1968), que por uma razão ou por outra não foi acionada, já que ali o livro *Dois parlamentos* não se compõe mais de quadras, ao contrário do que reza a síntese crítica, que, falando de um dos *Dois parlamentos*, a saber, a primeira parte "Congresso no polígono das secas", dá a dimensão do todo e abarca "Festa na casa-grande". Constituído de duas partes, a tônica do discurso tem algo de exterior à expressão autoral, uma vez que o poeta empresta a voz a outros sujeitos ali figurados, o que justificaria o "ritmo senador; sotaque sulista" como subtítulo à primeira parte e o "ritmo deputado; sotaque nordestino" como subtítulo à segunda parte.

Então o objeto exterior que servia de suporte para a expressão autoral vai dar lugar à tonalidade discursiva, que se transfere para outro ente, a quem o poeta nomeia sem se projetar ou com quem não encontra qualquer identificação. E se Benedito Nunes já havia observado quanto o livro *Dois parlamentos* incorpora da expressividade que foi sedimentada nos livros anteriores, já sinaliza também que existe algo a desaguar na serialidade posterior já anunciada aqui. Sem desconsiderar uma nem outra observação, existe algo particular ao volume, conforme anotou Antonio Carlos

---

[2] Nunes, 2007, p. 80.

Secchin, a pretexto de atribuir uma designação à obra em virtude do atributo de carregar "As vozes de fora", que é como intitula o capítulo que versa sobre *Dois parlamentos*, conforme segue:

> O rigor com que João Cabral armou a conjunção e a disjunção dos blocos pode levar-nos ainda a outras considerações. As várias vozes desse poema (cada travessão indica uma nova fala) ocupam, individualmente consideradas, dois ou quatro versos. Assim, a presença de dois-pontos em verso par, aliada ao travessão do verso subsequente, conduz à complementaridade das falas, incapazes de criar tensão ou discordância: cada uma retoma o fio linguístico que a predecessora deixara suspenso nos dois-pontos. Ademais, os blocos se compõem de duas estâncias pares e duas ímpares: analogamente, suas similitudes se dividem entre o par (de todos os versos com dois-pontos) e o ímpar (de todos os versos com "– o cassaco de engenho").[3]

De antemão, vale a observação crítica de que o poeta se empenhou demoradamente para formalizar a obra de maneira a deixar nítido ao leitor que para cada voz corresponde uma modalidade de verso, que vai se desdobrando ao longo do livro, para que o leitor se guie por critérios próprios à leitura e se deixe levar pelo movimento do olho no espaço da página, sem fazer concessões à linearidade discursiva ou à cronologia do livro, senão como uma possibilidade que deve ser testada à exaustão. Jamais tomada como a solução primeira, a linearidade do discurso se submete ao barulho das vozes, as quais se sobrepõem às imagens que se precipitam ao longo dos versos. Feitas as recomendações de leitura, valeria a pena acompanhar um trecho do livro, recortado da segunda parte, sob a indicação dos números 11 e 16, embora sejam sequenciais na grafia da obra, se tomarmos as edições de *Poesias completas* (1968) em diante. Antes disso, em

---

[3] Secchin, 2014, p. 186.

Terceira feira e na *Antologia poética* (1965), toda a segunda parte de *Dois parlamentos* – "Festa na casa-grande" – estava estruturada em cinco seções de quatro módulos, com quatro quadras cada uma. A numeração alternativa só lhe foi acrescentada posteriormente, tendo ficado a "Festa na casa-grande" daquelas duas edições em circulação no Brasil restrita aos algarismos de 1 a 5, que se repetiam quatro vezes, para totalizar 16 quadras para cada algarismo e encerrar a segunda parte em 80 quadras. Cifra idêntica à primeira parte, que dispunha de distribuição numérica (ordinária) e alfabética (alternativa e sobreposta à numérica), totalizando também 80 quadras, para chegar à soma de 160 quadras como constituinte da totalidade do livro. A título de ilustração contrastiva, passemos à verificação de dois dos quatro módulos de quatro quadras com a indicação do número 1, conforme consta da edição de *Terceira feira* (1961) e se manteve até a edição da *Antologia poética* (1965), correspondendo aos números 11 e 16 das demais edições de "Festa na casa-grande", como já se disse:

1
– Cassaco de engenho
quando é mulher;
– É um saco vazio,
mas que se tem de pé.

– O cassaco de engenho
mulher é como um saco:
– De açúcar, mas sem ter
açúcar ensacado.

– O cassaco de engenho
quando é mulher:
– Não é um saco feito
para conter, reter.

– É um saco mas já feito
para se derramar:
– De outros que não se sabe
como se fazem lá.

1.
– O cassaco de engenho
quando é um velho:
– Somente por acaso
ele alcança esse teto.

– O cassaco de engenho
velho nem é acaso:
– É que um cassaco novo
apressou-se no prazo.

– O cassaco de engenho
quando é um velho:
– Então, chegado aí,
se apressa em esqueleto.

– Se apressa a descarnar
como taipa em ruína:
– E como ele é de taipa
o esqueleto é faxina.[4]

Este último conjunto de quatro quadras apresenta somente uma variação no derradeiro verso, que passou a ser grafado assim: "seu esqueleto é faxina". Já o conjunto antecedente, embora também seja numerado pelo mesmo 1 ou por 11, a depender da edição, teve a

---

[4] Melo Neto, 1961, pp. 111-112.

fixação de versos alterada nas edições de 1968 em diante, a saber, onde constava "– Não é um saco feito / para conter, reter" passou a constar "– Não é um saco capaz / de conservar, reter". Havendo ainda outra ligeira alteração, onde constava "– É um saco mas já feito" passou a constar "É um saco como feito". Ora, se tais modificações apontam para a revisão lexical e sintática operada pelo próprio autor, não deixa de ficar evidente certo imperativo gramatical para dar maior cursividade ao verso, facilitando sua legibilidade. Cumpre especular se tais imperativos foram despertados pela consciência autoral que revê a própria obra ou por sugestão editorial – incluindo aí o revisor das provas –, uma vez que a modificação ostensiva não ficou restrita ao âmbito lexical ou sintático, mas se estendeu esdruxulamente para o nível da estrofe, que passou a constar como uma anomalia no seio da expressão autoral, abdicando da elegância das quadras para se instituir como estrofes inomináveis de 16 versos.

Quanto ao conteúdo grafado nos trechos supracitados, sem ser mulher nem estar velho nos anos de 1960, quando dobrara a casa dos 40, João Cabral limita mulher e velho ao "Cassaco de engenho", que faz as vezes de mote, refrão, vocativo e imagem perdida de algo não mais acessível, porque invisível a quase todos os olhos e, mesmo quando visível, ainda assim intangível. Portanto, não há qualquer possibilidade de identificação com "o Cassaco", que, sendo de engenho, se torna ainda mais anônimo e incógnito que o Cassaco de ferrovia ou Cassaco de padaria, os quais teriam vínculos trabalhistas. Sendo esse Cassaco de engenho uma mulher ou um velho – conforme a figuração textual –, a impossibilidade de visualização ou de identificação só aumenta, chegando ao limite do inexistente, porque não se formaliza sequer na imaginação, senão por meio daquela escritura em particular. Nesse momento, o que se grava na escrita de João Cabral está a um passo do incomunicável, não porque sua sintaxe seja culta ou seu vocabulário raro, e sim porque a referência acionada esvazia o discurso, que se torna hermético devido à impossibilidade de identificação do sujeito leitor com a matéria tratada. O hermetismo aí não deriva da agudeza ou da complexidade do raciocínio, e sim da figuração do cassaco, que já perdeu todas as dimensões humanas, a começar pelo nome, que não tem. Por isso, o autor nos obriga a passar repetidas vezes pelo seu vocativo sem nomeá-lo, produzindo um efeito imagético em que aquela figura vai se compondo pela repetição, como se não existisse na realidade, e a realidade textual transfigura sua inexistência, tornando-o um objeto textual. Sem ser portador de uma fábula, de um enredo ou de uma história, o cassaco constitui um tipo social que toda tentativa de particularização depaupera sua imagem ainda mais, porque não lhe é possibilitado o contato, nem mesmo visual. Todo o reconhecimento literário fica comprometido, sem qualquer possibilidade de identificação ou de catarse, de sublimação ou de redenção da referência, que se esfuma do mesmo modo como surgira em imagem turva. Aqui João Cabral de Melo Neto deu recurso verbal a um tipo social popular para o qual a linguagem não encontra um correspondente aceitável, porque está fora do repertório que afirma nossa humanidade e, também por isso, ficamos após a leitura da obra emparedados em silêncio.

QUADRO XII
SERIAL (1961)

Em se tratando de um dos três novos livros apresentados ao público brasileiro sob a inscrição mercadológica de *Terceira feira* (1961), o ineditismo de *Serial* conferia certo tom enigmático ao volume, que trazia títulos geminados pela quadratura da forma, extensiva tematicamente à constituição de cada uma das obras, que se compunham particular e inicialmente de quadras, já que disponibilizavam uma quantidade de estâncias que enformavam o todo de cada composição, fosse tomada poema por poema ou pela totalidade da obra. Em meio aos outros dois livros éditos sob o quadrante formal preciso, *Serial* nos leva a entender que o quatro seria desdobrado em série, exponencialmente. Todavia, a dedicatória a José Lins do Rego, falecido em 1957, impõe-nos um limite que abre um precedente semântico para a significação em processo do livro, já indicada no título *Serial*. Único inédito naquele volume em que fora estampado, a princípio, confere uma tonalidade especial ao livro, que foi publicado no Brasil junto de *Quaderna* – já publicado em Lisboa – e *Dois parlamentos* – já publicado em Madri. Acontece que a dedicatória parece contradizer a serialidade anunciada, a considerar o estilo singular, distenso e caudaloso do romancista homenageado, mas não é exatamente isso que acontece. Ao invés, o diálogo com o escritor paraibano não seria somente no plano estilístico ou formal, mas se estenderia em múltiplos planos, dados pela referência à cana-de-açúcar, a qual, em suas variantes, passará a compor a escrita de João Cabral de Melo Neto daí em diante, de modo impositivo, para todo o sempre, a começar pelo poema de abertura: "A cana dos outros".

No jogo esboçado, falando da cana dos outros, o poeta chegaria à própria cana – entendida como fruta, destilado ou elemento basilar da cultura canavieira. Por meio de tal cruzamento, configura-se uma estratégia de composição, segundo a qual falar da cana anônima ou alheia implica um modo de se apropriar da matéria, através da qual se consolida a forma literária e o estilo individual. A exterioridade da cana é que serve de amparo para a expressão mais individualizada num léxico, que lhe serve de suporte, sob uma sintaxe arredia e própria. Não custa lembrar que, tal como José Lins do Rego, João Cabral de Melo Neto também era filho de engenho, como mais tarde iria confessar nos poemas "Menino de engenho", em *A escola das facas*, e "Menino de três engenhos", em *Crime na calle Relator*. Recuperando o espaço familiar perdido na memória, o poeta acerta em cheio na matéria de composição que enceta uma experiência histórica que caiu em decadência, não sem deixar suas marcas no repertório simbólico e na sociabilidade que se escora em nossa modernização, com todos os seus desdobramentos lexicais e representacionais, de um estilo que é de época sem deixar de ser individual.

Terceira feira reúne os livros ali publicados retrospectivamente na ordem cronológica de escrita e de publicação, tal como ocorrera antes com *Duas águas*, ainda que sob a divisão das duas vertentes, a da voz alta e a da voz baixa. Feita a distinção entre os volumes, os livros ali reunidos se organizam de trás para diante, produzindo um efeito de leitura controverso, consoante o qual a novidade da última publicação se impõe como gatilho e critério de leitura. No caso de *Duas águas*, a novidade de cada vertente se consumara em *Uma faca só lâmina* (voz baixa) e *Morte e vida severina* (voz alta). Enquanto que, no caso de *Terceira feira*, a novidade instigante da leitura ficou a cargo de *Serial*, uma vez que os outros dois livros ali coligidos já tinham sido estampados fora do Brasil. Com isso, apesar do ineditismo em solo brasileiro, *Serial* teria precedência sobre os dois outros, porque era absolutamente inédito, abrindo a nova sequência de livros que teve continuidade com *Dois parlamentos* e *Quaderna*, geminados naquela publicação.

A considerar o recorte da quadra para acomodar a matéria circunstante – conforme a consumação em *Quaderna* – e a abertura para incorporar a voz alheia – de acordo com a realização em *Dois parlamentos* –, não estranha que o primeiro poema de *Serial* seja "A cana dos outros", que serve de síntese e anúncio do volume como um todo, porquanto descreve com alguma precisão o que o poeta desenvolvera até ali no plano formal, tornando a experiência viva de leitura naquilo que se convertera: em experiência estética já enquadrada. Vazada numa modalidade de verso tensa e inusitada, traduz a perspectiva alheia em negativo do que viria a ser descrito como um valor afetivo, singular e social, porque se faz visível em práticas agrárias de quem planta, cuida e distribui a cana na moenda que a mastiga, qual tumba rediviva.

Por ser o primeiro na ordem de exposição do livro, talvez a escrita desse poema tenha sido motivada pela morte de José Lins do Rego, logo após a efusiva publicação de *Duas águas* (1956), o que justificaria a dedicatória, conferindo-lhe um distintivo: homenagear um morto célebre, cuja memória já começava a se esfumar, a despeito do afeto envolvido. Se as dedicatórias imediatamente anteriores apontavam para conquistas expressionais e estilísticas do autor – o que vale para os primos Murilo Mendes e Aníbal Machado –, agora o poeta expande o sentido da dedicatória, imantando a lembrança de um autor defunto que lhe era próximo e que narrara como ninguém a derrocada do universo que vinha a reboque do cultivo da cana, a ponto de sua obra ser identificada como constituída pelo "ciclo da cana-de-açúcar", atingindo seu ápice com o romance *Fogo morto* (1943). Não deixa de ser curioso que, a partir daí, a cana, o canavial, o açúcar e os engenhos da experiência sensível e concreta de João Cabral de Melo Neto passem a compor a lavra autoral como um fabrico necessário à sua expressão, cuja ressonância fica dilapidada pelos despojos da cana, que o autor não oferece em ruína, e sim em carne viva.

Afora a série de poemas tematizados pela cana que se desdobra em livros futuros, decerto engatilhada pelo poema "A cana dos outros", no livro *Serial* várias séries são constituídas particularmente em títulos que se repetem na sequência de composições: "O automobilista infundioso", quatro poemas com quatro quadras; "Escrito com o corpo", quatro poemas com seis quadras; "O sim contra o sim", quatro poemas com oito quadras; "O ovo de galinha", quatro poemas com quatro quadras; "*Claros varones*", quatro poemas com seis quadras; "*Geraziones y semblanzas*", quatro poemas com oito quadras; "Pescadores pernambucanos", quatro poemas com quatro quadras; "Chuvas", quatro poemas com seis quadras; "Velório de um comendador", quatro poemas com oito quadras; "Formas do nu", quatro poemas com quatro quadras; "O relógio", quatro poemas com seis quadras; "O alpendre no canavial", quatro poemas com oito quadras. Como se vê, há uma série de poemas sob o mesmo título que se organiza particularmente em séries de quatro poemas – ora com quatro, ora com seis e ora com oito quadras –, após o poema de abertura com oito quadras. Assim como o poema "A cana dos outros" abre a primeira série de poemas com oito quadras, também é possível ver outra série no interior do livro constituída de poemas com suas oito quadras e que aparecem sob a seguinte ordenação, com suas respectivas oito quadras: "Pernambuco em Málaga", "Graciliano Ramos:" e "Uma sevilhana na Espanha".

Cumpre informar que somente na edição de *Terceira feira* (1961) e de *Poemas escolhidos* (1963) registra-se a repetição do título dos poemas da mesma série, depois de quando todas as séries passaram a ser nomeadas por um título único e sem repetição, comprometendo de certo modo a compreensão das séries e, mais ainda, de cada poema em particular. Com isso, perde-se a visualização do poema na série de título idêntico, bem como a inserção da série de título idêntico noutra série maior, que, ocasionalmente, dispõe de quatro, de seis ou de oito poemas, tendo sido desencadeada inicialmente por um poema isolado de oito quadras, tal como ocorre com o poema de abertura, "A cana dos outros", que anuncia o livro numa série própria, a qual se desdobra ao longo de sua extensão.

Havendo, pois, quatro séries ao longo do livro como um todo, cada série se constitui assim: um poema de oito quadras, que engatilha as séries; um poema de quatro quadras, com o título da respectiva série; um poema de seis quadras, com o título da própria série; um poema de oito quadras, ainda com o título da série engatilhada ali. Ora, assim como os poemas estabelecem relação entre si pelo título que os encerra numa série, também é possível visualizar séries pela quantidade de estrofes no interior de cada uma, bem como de uma série para outra. De igual modo, também é possível vislumbrar uma série entre os poemas de abertura de cada série. Assim, entre os poemas de abertura, entendidos como constituintes de uma série particular, temos a seguinte coleção: "A cana dos outros", "Pernambucano em Málaga", "Graciliano Ramos:" e "Uma sevilhana na Espanha". Como se vê, assim como existe uma relação semântica que liga o poema "A cana dos outros" a "Graciliano Ramos:", também existe uma relação entre a composição "Pernambucano em Málaga" e "Uma sevilhana na Espanha", caracterizando dois polos de exploração, quer entendamo-los pelo recorte geográfico ou pela abordagem das *personas* que designam um ofício ou um lugar, seja um pernambucano seja uma sevilhana. O espaço é, todavia, exterior – seja Espanha ou sua miniatura em Málaga. Para efeito de análise, detenhamo-nos no poema "Graciliano Ramos:", porque se localiza exatamente no centro nervoso do livro, pela disposição gráfica e pelo efeito estético daí decorrente, simulando uma cesura correspondente ao poema inicial, que é "A cana dos outros", e, por extensão, trazendo à tona a figura de José Lins do Rego, repercutida na figura do outro romancista.

Graciliano Ramos:

§. Falo somente com o que falo:
com as mesmas vinte palavras
girando ao redor do sol
que as limpa do que não é faca:

de toda uma crosta viscosa,
resto de janta abaianada,
que fica na lâmina e cega
seu gosto de cicatriz clara.

§. Falo somente do que falo:
do seco e de suas paisagens,
Nordestes, debaixo de um sol
ali do mais quente vinagre:

que reduz tudo ao espinhaço
cresta o simplesmente folhagem,
folha prolixa, folharada,
onde possa esconder-se a fraude.

§. Falo somente por quem falo:
por quem existe nesses climas
condicionados pelo sol,
pelo gavião e outras rapinas:

e onde estão os solos inertes
de tantas condições caatinga
em que só cabe cultivar
o que é sinônimo de míngua.

§. Falo somente para quem falo:
quem padece sono de morto
e precisa de um despertador
acre, como o sol sobre o olho:

que é quando o sol é estridente,
a contrapelo, imperioso,
e bate nas pálpebras como
se bate numa porta a socos.[1]

Talvez nenhum outro poema acumule tantos dois-pontos quanto este, exercendo função estruturante da composição, a considerar as oito ocorrências – excetuando a do título – no horizonte de 32 versos, o que equivale a uma média de ocorrência dos dois-pontos a cada quatro versos. Acontece que, sendo constituído o poema em quatro grupos de duas quadras, totalizando oito quadras, as ocorrências dos dois-pontos se dão sempre no primeiro e no quarto verso de cada grupo, portanto, invariavelmente na primeira quadra de cada grupo. Com isso, institui-se uma sintaxe sobreposta, consoante a qual o enunciado da primeira quadra se desdobra na segunda, que, por seu turno, se desdobra no grupo seguinte, que reproduz o procedimento de distinguir duas quadras, decorrentes da pontuação cindida no primeiro e no quarto verso, a primeira quadra, que solicita o enunciado que só se completa na quadra seguinte. Por consequência, a primeira quadra de cada grupo enceta um dilema que se explica na

---

[1] Melo Neto, 1961, pp. 53-54.

QUADRO XII

segunda quadra, a qual instila um dilema similar, modalizado pela preposição que conduz o problema da fala para o instrumento, para o objeto, para a pessoa do discurso ou a seu destinatário – sem encerrar o enunciado em si mesmo e sem chegar a uma conclusão. Antes a sobreposição sintática constituída pela recorrência compulsiva dos dois-pontos reclama uma volta ao enunciado original, dilacerando a linearidade da leitura, que se faz necessariamente circular, em espirais que ampliam o sentido proposto inicialmente e reclamam uma significação dinâmica, de uma semântica em processo.

Tudo isso ganha dimensão imprevista, que se expande no título pela grafia dos dois-pontos, logo após o nome Graciliano Ramos. Portanto, os dois-pontos também são constitutivos do título, que anuncia o poema por meio de um nome próprio, seguido do sinal gráfico que reclama explicação. A simples grafia dos dois-pontos no título já indica que o poema será um objeto constituído por meio daquela sinalização, uma vez que o título se quer uma síntese do enunciado presente no corpo do poema: presença no título implica uma presença no texto. Sendo Graciliano Ramos uma pessoa que existiu de fato e se converteu em *persona* pública, trata-se de alguém que teve fala e voz na vida literária e real, que agora é chamado ao pronunciamento que supostamente o poema carrega.

Óbvio está que quem se pronuncia após os dois-pontos do título não é exatamente Graciliano Ramos, e sim uma figuração feita por João Cabral, que converte o romancista numa personagem forjada de si mesmo, através da qual manifestaria seus princípios composicionais, o que não era muito próprio ao autor alagoano, pouco afeito a especulações estéticas, e menos ainda seria depois de morto, haja vista que havia falecido antes mesmo de José Lins do Rego. Por meio de tal artifício, João Cabral acaba aludindo ao desaparecimento de toda uma linhagem romanesca e de representação literária pautada pela veracidade, que ficou consignada pela historiografia como o "Romance de 1930", que aqui é rememorada pela menção à figura de dois de seus expoentes mais frequentados pelos leitores, apesar de estilisticamente muito diversos entre si.

O comentário se faz oportuno para afastar qualquer hipótese identitária entre o sujeito social Graciliano Ramos e o sujeito social João Cabral de Melo Neto, bem como entre a *persona* literária que identifica o romancista e sua figuração constante na composição, mediante a qual o poeta constrói um perfil autoral para si mesmo naquele momento. Se o prosador serve aos princípios composicionais do versejador, é tão somente porque se lhe apresenta como um outro, distinto de si, que permite sua conversão em personagem enredada numa paisagem que o próprio Graciliano Ramos ajudou a construir. Portanto, a matéria que salta da fala da personagem Graciliano Ramos fabulada por João Cabral trata-se, na verdade, de certo recorte da prosa do romancista, que ficou associada à sua figura pela força de representação que engendra, notadamente no que se decalca de *São Bernardo* (1934) e *Vidas secas* (1938). Sem que possamos reduzir a prosa de Graciliano Ramos a esses dois títulos, talvez reúnam a parte de sua ficção que ficou associada à sua expressão literária, devido à recorrência da leitura.

Convém lembrar, não obstante, que, apesar da notação verista da sua representação literária, Graciliano Ramos não é um sertanejo, dado o seu nascimento em Quebrangulo e tendo governado o município de Palmeira dos Índios, que são municípios do subúmido, ainda não sendo a região do semiárido nem tampouco do árido. O caso de João Cabral é um pouco mais complicado, uma vez que, nascido e criado no litoral, conhecia o Sertão (semiárido ou árido) mais de ouvir do que de ver – conforme registrou no poema "Tio e sobrinho". Mesmo quando ia visitar propriedades de seu pai ou de outros familiares, o raio de sua investidura nunca ia ao Sertão mesmo, o qual só veio a conhecer efetivamente depois de adulto. Tudo isso interessa, para que não tomemos o autor pela personagem criada nem as personalidades históricas pelos seus perfis literários, uma vez que são distintos entre si e merecem ser destacados na sua diversidade ou na sua particularidade. Interessa também para não nos deixarmos seduzir pela hipótese de tomar a fala de Graciliano Ramos como sendo a de João Cabral, nem a do poeta pela voz da personagem criada, nem tampouco a dos dois pela fala do sertanejo, que, efetivamente, não foram. Até porque sedimentaram sua vivência em outras paragens, litorâneas, mais do que adentraram no interior do Brasil. Nada disso impediu o contato direto com a gente humilde que migrava dos rincões mais distantes para os centros urbanos dos respectivos estados empobrecidos, bem como para cidades em desenvolvimento tecnológico. Descartada, pois, qualquer possibilidade de identidade imediata entre o poeta e sua personagem, bem como entre poeta e a matéria a que quisera dar visibilidade, ressalta-se o aspecto construtivo da composição, que, por seu turno, vem a ser definidora do estilo individual e da identidade autoral.

Ali, toda a estrutura compositiva é mediada por um refrão variável de impulso restritivo: "falo somente". Tal impulso vai variar de acordo com a indicação a quem ou a que se dirige, sob a mediação de preposições que condicionam a impostação discursiva, de maneira que ocasionalmente o objeto do discurso vem à tona, mas não sem o instrumento que lhe dá acesso. De igual modo, a ênfase se volta, nalgumas vezes, para quem está representado no discurso, mas sem ignorar a quem está sendo dirigido, havendo distinções entre as pessoas do discurso. A variação do estribilho confere efeito retórico ao discurso pela diversidade da preposição que brilha aos ouvidos do leitor, quando se justapõem os seguintes enunciados: "Falo somente com o que falo", "Falo somente do que falo", "Falo somente por quem falo" e "Falo somente para quem falo". Em todas as variações do refrão existem duas ocorrências da forma verbal "falo", a qual, estando na primeira pessoa do singular e remetendo ao mesmo sujeito, sofre uma ligeira variação de sentido, a depender da preposição em pauta, que aponta para um objeto ou para uma pessoa que lhe é exterior, sem haver identidade entre as coisas, as pessoas e o sujeito do discurso. Em contrapartida, em nenhuma das variações do refrão o sujeito do discurso fala de si próprio. Ao invés, a objetivação de seu discurso se dá sempre em observação às circunstâncias que lhe são exteriores, sejam palavras, paisagens, gente condicionada pelo sol ou pelo sono. Todas as variações do refrão são sucedidas por dois-pontos, os quais, assim como a figuração de Graciliano Ramos no título do poema, ensejam um pronunciamento, que se desdobra. Todas as variações do refrão estruturam um enunciado que se estende ao longo de duas quadras e oito versos, havendo sempre a mediação dos dois-pontos ao final do primeiro e do quarto verso de cada enunciado, como já se disse. Assim, cada parte do poema se conforma à quadratura do discurso entabulado em duas quadras, sendo que a primeira é portadora de duas ocorrências dos dois-pontos e a segunda (sem os dois-pontos) arremata a significação projetada na primeira quadra. Assim, a primeira quadra lança um enigma que se desdobra em si mesmo, até ser desvendado na segunda quadra. Tal estrutura compositiva se repete tantas vezes quantas apareça o refrão, com suas variações: quatro.

É preciso dizer ainda que, assim como existe um desdobramento projetivo da primeira quadra para a segunda no nível do enunciado, distinguido pelo refrão, de igual modo um enunciado – pautado pelo respectivo refrão – desdobra-se no outro, sem que haja exclusividade em cada enunciado, que se expande ou se refrata ao enunciado contíguo, seja o anterior ou o posterior. Sem nunca se bastar a si mesmo, instaura-se no poema uma circularidade de enunciados, quebrando a linearidade do discurso, que não se fixa num ponto exato nem segue o fio de uma formulação hierarquizada racionalmente. Sem hierarquizar as partes do poema, cuja significação só nos chega como uma totalidade, a particularidade de cada enunciado dá sentido ao todo, sem ser bastante a si. Com isso, cada enunciado se dilui particularmente em face do todo, que amplia o entendimento de cada parte e fortalece a significação que se expande, em espirais, circular e indefinidamente.

Assim como acontece ao longo do poema uma figuração projetiva de Graciliano Ramos por João Cabral, que nos conduz de roldão à matéria tratada, percebemos um estilo identificável no curso dos versos que se consumam na estruturação da frase. O desempenho verbal associado a um autor (Graciliano Ramos) por meio da *performance* do outro (João Cabral) fica mais bem pautado pela via da diferença estilística do que pela identidade representacional da realidade, embora pareça exatamente o contrário: que a aproximação entre os dois já estivesse assegurada por alguma identidade prévia, quando, na verdade, trata-se de uma identidade forjada, como, de resto, acontece com toda identidade. O diferencial da identidade produzida no discurso de João Cabral talvez resida no fato de que, por ser tão bem articulado – no nível rímico, métrico, lexical e sintático –, dê-nos a impressão de que é mera descrição da realidade, sendo uma descrição elaborada junto ao referente com o qual se limita e com o qual se confunde.

QUADRO XIII
A EDUCAÇÃO PELA PEDRA (1966)

Já constante no título inicial *A pedra do sono* (1942), com a publicação de *A educação pela pedra* (1966) a palavra "pedra" adquire dimensões exponenciais na obra de João Cabral de Melo Neto, possivelmente didáticas. Pois, se considerarmos que esse vocábulo suporta uma infinidade de significações, mais do que um significante aberto à exploração – tal como acontecera com a faca –, a "pedra" vem a ser o termo fundamental da obra cabralina, pela exemplaridade lexical e pela possibilidade de comunicação, transmitindo informações talvez imprevistas no uso comum da linguagem – ao menos é o que se depreende da primeira impressão de *A educação pela pedra*. Da capa da sua edição *princeps*, destacam-se três informações basilares: o nome do autor, na cabeça da página; o título da obra, grafado no rodapé com a fonte idêntica à do nome do autor; e o nome da editora, de tamanho menor, distinguindo-se ali para estabelecer uma hierarquia de nomes: do autor, do título e da editora. Tudo isso ganha relevo, uma vez nomeada a publicação pela Editora do Autor, que já havia publicado o volume *Terceira feira* (1961) e *Antologia poética* (1965), do mesmo João Cabral de Melo Neto. Agora perante um livro autoral publicado isoladamente e já amparado pelo reconhecimento do público, algo deve ter mudado na relação entre a editora e o autor, a se considerar as edições precedentes.

QUADRO XIII

A diferença editorial devotada à nova publicação pode ser percebida já nas orelhas da encadernação, que confere certa dignidade ao autor pela apresentação que lhe é destinada, bem como pela disposição dos poemas, cuja estrofação foi distribuída página por página – bem ao gosto editorial clássico –, de maneira a valorizar o espaçamento de cada página como um traço expressivo. Para quem tivesse exercido a função de editor, a disposição estrófica e do verso na estrofe constituía um distintivo da elaboração artística e, por extensão, da representação literária grafada no branco do papel, cujo timbre impresso colabora para a composição, inclusive como função autoral. Tudo isso já estava sinalizado pela formatação das orelhas daquela encadernação primeira, que agora adquire outra dimensão.

Pois, na orelha da capa da edição *princeps*, consta uma apresentação autoral que informa o posto diplomático em que se encontrava por ocasião da publicação e na qual é qualificado como "o grande poeta pernambucano". Portanto, já estava assente entre os leitores a grandeza do poeta que era referida apelativamente como expediente comercial, uma vez que o tamanho da poesia serve de aferição para sua vendagem. De igual modo, sua pernambucanidade era acrescida como um atributo que se cola à poesia, conferindo outra instância de valoração: além de grande, pernambucano. Ou ainda: entre os pernambucanos, grande poeta – o que não parece pouco, a considerar a forte incidência da poesia naquelas paragens, ao menos desde Bento Teixeira. Referindo-se ainda a seu desempenho de poeta, também é mencionada a repercussão de *Morte e vida severina*, cuja autoria é rememorada como uma marca distintiva, que se estende da premiação alcançada na França à generosa recepção crítica parisiense, para arrematar com o seguinte veredito: "ele não faz manifesto para as massas, mas dá testemunho íntimo e íntegro da condição do homem", sob a assinatura anônima da Editora do Autor. Na orelha da quarta capa daquela mesma e primeira edição, consta a série de antologias dos maiores poetas contemporâneos, entre os quais constava a de

João Cabral, em meio à de Vinicius de Morais, de Manuel Bandeira, de Carlos Drummond de Andrade, de Cecília Meireles, de Cassiano Ricardo, de Augusto Frederico Schmidt e de Mário Quintana. Logo abaixo vem a indicação "Outros livros de poesia", encabeçada por *Terceira feira* (esgotado). Portanto, é como grande autor e autor já consagrado pelo público – e não só brasileiro – que João Cabral é esmeradamente apresentado na estampa primeira de *A educação pela pedra*.

Sem a sofisticação estética da capa anterior, assinada por Aloísio Magalhães, o elemento paratextual que mais chama a atenção é a dedicatória constante na folha de rosto, assim grafada originalmente na centralidade da página em branco:

A
MANUEL BANDEIRA
    esta antiLIRA
PARA SEUS OITENT'ANOS[1]

Antes de analisar a dedicatória, vale a informação de que Manuel Bandeira fez as vezes de subscritor, autor e coeditor da Editora do Autor, pela qual já tinham sido timbradas sua *Antologia poética* (1961) – que teve várias reedições – e *Poesia do Brasil* (1963) – sob sua seleção e estudos –, além de publicar ali naquele mesmo 1966 os seguintes livros: *Itinerário de Pasárgada* e *Os reis vagabundos e mais 50 crônicas*. Então, o Bandeira que está sendo homenageado é o anterior ao cristalizado pelo *Itinerário de Pasárgada*, que era antologista da obra alheia e, reiteradamente, da própria poesia. Por outro lado, João Cabral de Melo Neto já havia feito as vezes de editor do outro poeta pernambucano em 1948, quando veio a lume o *Mafuá do malungo*, sob o selo artesanal de O Livro Inconsútil, que vigorou

---

[1] Melo Neto, 1966, s/p.

em Barcelona entre 1947 e 1950. Afora o intercâmbio editorial entre os poetas, João Cabral já confessara a admiração por Bandeira, pela sua capacidade de converter em poesia o fato mais corriqueiro e circunstante, espontaneamente, sem fazer rodopios formais, a despeito da capacidade de fazê-los, conforme registra carta de 17 de fevereiro de 1948, endereçada ao poeta então editado:

> Não sei quantos poetas no mundo são capazes de tirar poesia de um "fato", como você faz. Fato que v. comunica sem qualquer jogo formal, sem qualquer palavra especial: antes, pelo contrário: como que querendo anular qualquer efeito autônomo dos meios de expressão. E isso é tanto mais impressionante, porque ninguém mais do que v. é capaz também de tirar todos os efeitos da atitude oposta, isto é, do puro funcionamento desses meios. Você já terá notado que meu ideal é muito mais este M. Bandeira do que aquele. Mas diante de poemas como "O bicho", fico satisfeito por verificar que nenhum exercício intelectualista me é capaz de tirar a sensibilidade para poemas dessa família.[2]

Confessa a admiração duas décadas anteriores à dedicatória, a homenagem de agora não deixa de ecoar a simpatia e o desejo de emular o poeta antecedente, cujo perfil se coloca como ideal naquela ocasião, enquanto se mostra capaz de manipular os mecanismos da arte poética, sem ignorar que o ideal comunicativo estivesse sempre no horizonte de João Cabral de Melo Neto, como, de resto, está no horizonte de qualquer poeta. Anos depois da confissão, talvez tivesse conseguido algo similar com o *Morte e vida severina*, o que decerto era desejado desde antes sem conseguir efeito, possivelmente ainda em desacordo e insatisfeito consigo mesmo. Certo e líquido é que João Cabral se reconhecia já naquela carta como sendo portador de uma dicção poética diversa da do poeta primo e admirado, o que

---

[2] Melo Neto, 2001, p. 60.

se registra na dedicatória com todas as letras, pois ali há um jogo interessante entre os tipos impressos em maiúsculas e minúsculas. Minúsculas são as palavras "esta" e "anti", que remetem à publicação em particular e à poesia cabralina, em geral. Maiúsculas são os sintagmas "A", "MANUEL BANDEIRA", "LIRA", "PARA SEUS OITENT'ANOS", que remetem ao sujeito Manuel Bandeira, que se confunde com sua própria lira aos 80 anos, tornado clássico já aos 50, quando publicara *Lira dos cinquent'anos* (1940), produzindo um arcaísmo com a sua idade, quando o queriam moderno.

Ora, aos 80, decerto Manuel Bandeira estava ainda mais moderno e mais cansado, inclusive pela quantidade de poeta jovem a demandar seu veredito, não raro condicionado à realização de um soneto. Sem jamais ter publicado um soneto, João Cabral dedica sua poesia ao confrade, sob a modéstia ambígua de ser contra a poesia lírica e, ao mesmo tempo, se inscrever numa linhagem poética aberta por Manuel Bandeira. Empenhado incansavelmente em renovar o legado dos poetas que o antecederam, a poesia de João Cabral sem dúvida ecoava afirmativamente nos ouvidos cansados e quase moucos de um dos maiores poetas da língua e assim já reconhecido naquele momento, bem antes e bem mais do que João Cabral viria a ser. De uma maneira ou de outra, seja pela apresentação editorial, seja pela dedicatória do próprio poeta a outro poeta, é como autor reconhecido que João Cabral de Melo Neto vem a ser estampado no livro *A educação pela pedra*. Vejamos alguns porquês formais.

O livro é constituído de quatro partes, cada qual com 12 poemas, constituídos invariavelmente com duas estrofes, totalizando 48 poemas e 96 estrofes. Naquela edição primeira, as partes do livro são indicadas por "a" e "b" – inicialmente em maiúsculas e, depois, em minúsculas. Com isso, a primeira parte dialoga com a terceira, porque estão marcadas pelo "A", ora minúsculo, ora maiúsculo; ao passo que a segunda parte se comunica com a quarta, sob a marca do "B", ocasionalmente minúsculo e, depois, maiúsculo. Cumpre fazer a observação de que cada unidade estrófica ocupava ali uma página, como se houvesse um imperativo de leitura para que cada agrupamento de versos tivesse autonomia relativa. Tudo isso concorre para reforçar a relação da grafia do texto no espaçamento da página como constituinte da significação poética.

Ainda a respeito de considerações gráficas, uma informação que se descola ao final do índice da primeira edição é que o livro foi escrito entre Madri, Sevilha, Genebra e, de novo, Sevilha, entre janeiro de 1962 e dezembro de 1965, tendo sido impresso em julho de 1966. Portanto, foi iniciado logo após a publicação de *Terceira feira*, impresso em dezembro de 1961, quando o autor se dispôs e se empenhou novamente em fazer versos que compusessem o volume seguinte, o qual viria a ser publicado pela mesma editora de antes, o que nos leva a crer que a edição publicada fora bem-sucedida e satisfatória para o autor e para a Editora do Autor.

O artefato estético *A educação pela pedra*, vazado em linguagem verbal e costurado em brochura, se não for o livro mais lido, decerto é o mais celebrado de João Cabral de Melo Neto, de quantos ele tenha escrito. Tal celebração se deve em boa medida ao apuro editorial, pela disposição dos poemas no espaçamento da página, mas também por reunir algumas composições das mais lidas e comentadas ao longo da trajetória autoral, que se tornaram ponto de parada obrigatória para todo leitor e se fizeram indiscutivelmente elemento de nossa cultura. Entre os poemas mais lidos, podemos destacar o "Tecendo a manhã", que veio estampado, ali, na segunda parte, sob a indicação de "b" minúsculo:

Tecendo a manhã

Um galo sozinho não tece uma manhã:
ele precisará sempre de outros galos.
De um que apanhe esse grito que ele

e o lance a outro; de um outro galo
que apanhe o grito que um galo antes
e o lance a outro; e de outros galos
que com muitos outros galos se cruzem
os fios de sol de seus gritos de galo,
para que a manhã, desde uma teia tênue,
se vá tecendo, entre todos os galos.

2.
E se encorpando em tela, entre todos,
se erguendo tenda, onde entrem todos,
se entretendendo para todos, no toldo
(a manhã) que plana livre de armação.
A manhã, toldo de um tecido tão aéreo
que, tecido, se eleva por si: luz balão.[3]

    O poema se organiza por meio de uma paráfrase paródica ao adágio popular, bastante conhecido – "Uma andorinha só não faz verão" –, que serve de base para o primeiro verso: "Um galo sozinho não tece uma manhã". Percebe-se entre os versos uma troca de termos contíguos ou similares, em que o "galo" substitui "andorinha", "sozinho" substitui "só", "tece" substitui "faz" e "manhã" substitui "verão". A princípio, o enunciado do verso cabralino guarda uma semelhança semântica com o verso popular, inclusive pela simetria dos vocábulos que estruturam uma e outra sentença, sob a mesma métrica. O enunciado simula certa identidade entre os versos: uma ave como sujeito da frase, adverbialmente isolada, sem conseguir operar no tempo, como se fosse uma propriedade das aves, tanto para o adágio quanto para o poema. Acontece que todos os termos da

---

[3] Melo Neto, 1966, pp. 46-47.

oração que condicionam o verso cabralino desestabilizam o sentido proposto antes (no dito popular), sem contradizer a sua formulação nem a significação estruturada na generalidade do raciocínio. A particularidade dos termos no verso cabralino incide sobre o sentido anteriormente proposto, alterando a significação profunda do verso, sem mexer na ideia presente na superfície da linguagem, segundo a qual uma ave isolada não mexe no tempo, sendo uma propriedade possível às aves daquela espécie quando tomadas coletivamente.

O diferencial entre uma formulação e outra reside no fato de que os termos do verso cabralino, apesar de forjarem uma suposta identidade com os termos do adágio, são distintos em dimensão morfológica, sonora e rítmica de tal maneira, que alteram a significação em processo, que fica dilacerada. Pois um galo não é compatível com a andorinha, nem no canto nem no tamanho da ave na realidade – ou no curso do enunciado –, além de a andorinha ser um pássaro ligado à expectativa poética, inclusive dando título a uma obra de Manuel Bandeira, publicada naquele mesmo ano, *Andorinha, andorinha* (1966). O galo, em contrapartida, não tem a mesma envergadura poética e "sozinho" especifica a exposição desnecessária, cuja sonoridade recupera o sufixo de "andorinha" como uma predicação que lhe empresta não a singeleza da outra ave, e sim a banalidade da circunstância a que está confinado sob a negativa que o torna impotente e minimiza a gravidade de estar "só".

Por outro lado, o verbo "tece" discrimina um ofício, cuja prática particulariza a ação de quem a desenvolve, opondo-se à generalidade semântica de quem "faz" alguma coisa, que se dissolve num todo indistinto aplicável a qualquer prática. Em contrapartida, a sazonalidade do verão é contradita pela reincidência compulsiva da manhã, que degenera a temporalidade singela do verão – sinônimo de ano civil e correlato de veraneio, a que serve de radical. Não obstante, a manhã simula a abertura do tempo, mais para o trabalho do que para a diversão. Então, sintetizando a depuração semântica de uma formulação para a outra, dispomos da seguinte proposição do verso: ave cujo canto não tem graça e, quando isolado ordinariamente, não é capaz de produzir nada de significativo, menos ainda no que se queira repercutido no tempo.

Tal enunciado ganha relevo e interesse se considerarmos os vocábulos com os quais se constitui e como se dá sua repercussão ao longo do poema. O artigo "um" repete-se quatro vezes; o substantivo "galo" acumula oito ocorrências ao longo do poema, se considerarmos sua variação de plural – todas concentradas na primeira estrofe; os advérbios "sozinho" e "não" não se repetem ao longo da composição, ficando isolados no primeiro verso; o verbo "tece" tem uma variação gerundiva no corpo da primeira estrofe, que se transfere para o título, e uma ocorrência no particípio cognata ao substantivo "tecido". O artigo "uma" tem ainda uma ocorrência e o substantivo "manhã" reincide mais duas vezes na segunda estrofe. Note-se que apenas o verbo "tecer" em suas variações – agora declinado em particípio – e o substantivo "manhã" se repetem na segunda estrofe. A constatação nos leva à inferência de que a manhã e o ato de tecer têm longa duração no poema, a ponto de comparecerem nas duas estrofes, que demarcam sua extensão. Por outra, a manhã está sendo tecida na primeira estrofe e aparece tecida na segunda estrofe, onde surgem novas palavras que só se repetem aí: "todos" e "toldo". Cumpre referir que o "toldo" no poema constitui uma sinonímia com "manhã", após sua materialização em tela que se ergue tenda, até se converter em luz. Luz balão, porém.

O levantamento lexical interessa para que possamos visualizar com nitidez o entrelaçamento semântico que se dá por meio da repetição das palavras, as quais simulam a feitura de um tecido, se puxarmos os fios que entrelaçam cada palavra, para a constituição da fibra discursiva de que é constituída o poema. Mais do que a enunciação da tessitura discursiva, existe aí uma materialização verbal da tessitura, estruturada no primeiro verso, que se esgarça no poema para possibilitar a confecção do tecido discursivo. Tudo isso se amplia, ao notarmos que o galo do poema não canta, mas grita. O grito como metonímia expressiva do galo projetado no poema ganha grandes proporções, quando tomado pela repetição da letra "g" e do fonema /g/ ao longo do poema. Com isso, associa-se o artífice da manhã a seu ofício de tecelão, que vem a lhe qualificar no verso e ao reverso, quando dispomos da locução adjetiva "gritos de galo", solta no meio do poema como equivalente a "os fios de sol", que tecem a manhã. Assim como o primeiro verso estrutura a leitura do poema, a leitura desse poema pode vir a dimensionar a estrutura do livro.

Pois se o livro está dividido em letras, por um lado, por outro lado, está dividido em maiúsculas e minúsculas. A parte minúscula se compõe exclusivamente de poemas de 16 versos, ora subdivididos em estrofes de oito versos, ora de seis e de dez, ora de dez e de seis – que é a divisão estrófica de "Tecendo a manhã". Para dar o contorno do livro como um todo, a parte maiúscula é composta por poemas de 24 versos, ora subdivididos em estrofes de 12 versos, ora em estrofes de oito e de 16 versos, ora ainda em estrofes de 16 e de oito versos. A constatação incontornável e impreterível é que somente aqui a estrofe de 16 versos adquire, desde a primeira edição, função estruturante – eis aí um traço diferencial desse livro. Até então, a estrofe de 16 versos se precipitava acidentalmente, tal como ocorrera no "Alto do Trapuá" em *Paisagens com figuras*, ou, ainda, sob instâncias editoriais, para circular em edições comerciais, tal como aconteceu com *O rio,* para figurar em *Duas águas* (1956), e com *Dois parlamentos,* para constar em *Terceira feira* (1961), sem que dispusessem de tal conformação estrófica nas respectivas primeiras edições. Aqui podemos vislumbrar um efeito acidental em decorrência das edições, o qual se converte em traço estilístico, porquanto é incorporado à expressão autoral.

Tal como está timbrado no espaço da página, "Tecendo a manhã" dialoga com os seguintes poemas pela mesma divisão estrófica de dez e de seis versos no contexto da publicação: parte "b" – "Fábula de um arquiteto" e "Uma ouriça"; parte "a" – "A educação pela pedra", "Elogio da usina e de Sofia de Melo Breiner Andresen" e "O urubu imobilizado". A considerar a simetria entre as partes "a" e "b", o poema "A educação pela pedra" está para a parte "a" assim como "Tecendo a manhã" está para a parte "b", o que pode nos levar ao raciocínio de que, com a justaposição entre os títulos, "Tecendo a manhã" metonimiza um tipo de "A educação pela pedra", devido à equivalência suscitada pela estrofação e pelas respectivas posições ocupadas em cada parte do livro, exercendo ali cesuras simétricas de parte a parte.

A informação interessa para que não tomemos a excelência da composição "Tecendo a manhã" exclusivamente pelo seu poder comunicativo, mas também pelo intrincado tecido sonoro e lexical que lhe é constitutivo. Tampouco podemos reputar sua eficiência retórica à alusão, quase explícita, ao ideário socialista, pois isso implicaria não reconhecer o extraordinário artefato estético elaborado em forma verbal. Mais imperativo é reconhecer naquela circunstância de comunicação o traçado textual que se engendra de estrofe a estrofe, de poema a poema, como uma condição expressiva que dá o tom da composição do livro, de cada parte do livro, que colaboram entre si para a compreensão do livro como um tecido narrativo, completamente integrado, e que o poema "Tecendo a manhã" ilustra exemplarmente como uma miniatura do todo. Sob tal visada, "Tecendo a manhã" se constitui como um tecido que é, por si próprio, representativo e ilustrativo do fazer poético, porquanto se elabora metalinguisticamente na sua nervura verbal e aponta também para o artefato constituído em face de outros poemas do mesmo livro, bem como do livro na qualidade de uma composição enredada entre si e visualizável a seu leitor em suas minudências. Assim, amplia-se a compreensão de sua tessitura e da metalinguagem em curso, que se realiza em vários níveis, estendendo-se de uma composição do livro para outras e se cravando no poema-título da obra, cuja imagem reflexa cinde o livro na parte correlata à posição ocupada pelo próprio "Tecendo a manhã", indicando a própria razão de ser dos poemas e do livro confeccionados como um emaranhado discursivo.

Para finalizar, cumpre lembrar que, tendo sido estampado inicialmente em 1966, quando de sua publicação o país já estava sob o regime de exceção instituído pelo AI-01 em janeiro de 1964, mas ainda permitia publicações como essa, regime que veio a ser endurecido pelo AI-05, em dezembro de 1968. Vale lembrar, ainda, que por ocasião da publicação o autor exercia cargo diplomático e, por conseguinte, representava aquela governança, que logo veio a instituir a censura como prática estatal. Sem que nunca deixasse de ser visto sob suspeição pelos militares, desde quando respondera pela acusação de ser comunista e ficara desprovido de salário, não estranha que naquele mesmo dezembro o poeta fosse eleito para a Academia Brasileira de Letras (ABL) e viesse a tomar posse no ano seguinte. Uma vez empossado, a ABL ficou mais bem representada sob o aspecto técnico da poesia, ao passo que o poeta teve maior amparo institucional, haja vista que o Itamaraty já não se apresentasse como uma instituição confiável. Decerto foi devido a tais e novas circunstâncias que o autor tenha se demorado tanto a publicar outro livro inédito e, quando o fez, outra já era a tônica discursiva do seu estilo.

QUADRO XIV
MUSEU DE TUDO (1975)

O lapso temporal de quase dez anos entre a publicação de *A educação pela pedra* (1966) e *Museu de tudo* (1975), sendo inusitado na trajetória autoral de João Cabral de Melo Neto, sinaliza algum desvio no comportamento poético do autor, com alguma repercussão na poesia que produz e na correspondente tonalidade expressional, o que se cumpre a contento no livro de agora, inclusive editorialmente. Com *Museu de tudo*, João Cabral de Melo Neto volta a publicar pela José Olympio Editora, até porque a Editora do Autor não existia mais. Da editora anterior, trouxe algumas conquistas gráficas que se mantiveram nas publicações seguintes: a sobriedade da disposição estrófica no espaço da página, que era uma reivindicação antiga e que somente foi consumada a contento no livro anterior; a qualidade da capa e o gosto de produzir um livro na condição de artefato assumidamente estético. Aí se observa o conteúdo do livro, mas também a sua solução gráfica na capa e na página, extensiva à brochura como um todo, no acabamento de cada uma das partes e na sua relação entre si. Só que o livro de agora destoa na trajetória do poeta, enquanto artefato estético vazado em linguagem verbal, porquanto amplia e distorce as conquistas anteriores, mesmo quando resguarda e preserva alguns princípios autorais e editoriais já consolidados, que se desestabilizam diante da nova realização formal, sob a evidência nítida de que algo mudou em relação ao livro anterior.

QUADRO XIV

Como o autor vinha se renovando de livro a livro, desde sua primeira publicação, e – mais ainda – desde *Duas águas* (1956), sua renovação expressiva passava inexoravelmente pelo crivo impositivo do quatro; agora, parece ter havido um arrefecimento da tonalidade expressiva caracterizadora da predicação autoral. Não porque tivesse deixado de escrever sob a bitola da quadra, o que se verifica a contento no interior do *Museu de tudo*, mas pela falta de uma estruturação totalizante e similar à do livro anterior, no qual cada parte se comunicava com a outra, de maneira a ampliar a significação pontual de cada poema por si, sem descurar da configuração da totalidade do livro, que adquire uma significação renovada e processual, ao passo que enche os olhos do leitor como um objeto construído, elaborado e acabado em 80[1] poemas.

Pela cifra desdobrada do quatro, *Museu de tudo* não tem como deixar de ser um livro rigorosamente formalizado, já que é portador de uma quantidade precisa de poemas, que lhe confere substância à medida que estabelece limites para seu contorno, pela feição dos poemas ali enfeixados e pelo modo como ali foram dispostos. Sob tal angulação, difere muito da publicação precedente, que se consumaria como um ponto alto da expressão cabralina, a qual, uma vez contraposta e contradita, simula uma concessão estilística, mediada por certa rarefação da identidade autoral. Sendo absolutamente lógico o raciocínio, esboça-se sob certa contradição que requer iluminação retrospectiva no percurso do autor, a exemplo da publicação de *Uma faca só lâmina*, quando ficou assente certa rarefação da matéria e se fez uma conquista expressional.

---

[1] Sem explicação razoável, a reedição do livro na *Obra completa* (1994) absorveu a composição "Trouxe o sol à poesia", publicada inicialmente em *Primeiros poemas* (1990) e que ali foi deslocada para *Museu de tudo* (1975), agora sob a grafia de outro título, "Poema", conforme passou a ser estampado dali em diante, independente até do livro que lhe desse suporte, como se esse volume fosse efetivamente depositário de despojos inclassificáveis.

A matéria literária efusivamente celebrada nos livros escritos de antes, a saber, *O cão sem plumas* (1950), *O rio* (1954), *Morte e vida severina* (1955), ainda que a publicação só tenha se dado no ano seguinte e de maneira antológica no *Duas águas*, não é pontualmente constitutiva de todos os livros daquela coleção. Logo, a celebração da matéria, quando não rarefeita tal como em *Uma faca só lâmina* (1956), voltou a ser acomodada e ampliada nos livros contíguos e seguintes: *Paisagens com figuras* (1956), *Quaderna* (1960), *Dois parlamentos* (1960) e *Serial* (1961). Então, num lapso de tempo bem menor, no meio da década de 1950, sem dar chance para os leitores perceberem uma crise instalada na matéria de exploração literária, o autor suprimiu algo que logo ganhou sobrevida e se consolidou na sua expressão, vincando-se definitivamente aí como um traço estilístico. Anos depois, já consagrado – inclusive pela entrada na ABL –, o lapso temporal de uma década sem publicar não poderia ser lido de outro modo, senão pela perda do vigor expressivo, até porque o que estava em pauta agora não era mais a matéria, e sim a estruturação do livro que consagrou um estilo. Tal operação não podia passar despercebida e foi percebida por quase todos os olhos, que observaram aquela poesia em retrospectiva, na contraface do volume anterior. Com isso, o que se verifica como expectativa de leitura é que o autor pode mudar o tratamento da matéria num espaço de tempo curto, se se recompuser em seguida, mas não pode desestabilizar o acabamento formal identificado com o seu estilo, uma vez reconhecido e consagrado pelos leitores.

O que ora se afigura como estilo autoral pode facilmente ser decalcado dos índices dos dois livros publicados no ínterim entre fins da década de 1960 e início da década de 1970, confrontados entre si, respectivamente. *A educação pela pedra* coleciona 48 poemas, divididos em quatro partes de 12 composições cada, e cada uma das quatro partes ilumina a outra como desdobramento ou como oposição, instando o leitor a fazer inferências, sem ignorar que cada parte é constituída de uma quantidade de poemas que se projeta particularmente como composição autônoma no livro. Ora, o livro *Museu de tudo* dispõe de 80 composições, sem demarcação interna no livro, como se ali se depositasse um amontoado de impressões desconexas e sem estruturação, a critério do leitor, que fica livre para instituir seu norte para mastreação, sem a indicação autoral. Aliás, ironicamente, o autor faz troça de si próprio, como se não pudesse se ver retrospectivamente e o seu *Museu de tudo* só pudesse ser visto como um museu vivo, descolado da trajetória que ele mesmo percorreu, o que seria uma realização contrária à ideia de um museu, por outra, um antimuseu, ao menos, de acordo com o que se depreende do poema de abertura, que é autodescritivo e autorreferencial, inclusive por ter o título homônimo ao livro:

Museu de tudo

Este museu de tudo é museu
como qualquer outro reunido;
como museu, tanto pode ser
caixão de lixo ou arquivo.
Assim, não chega ao vertebrado
que deve entranhar qualquer livro:
é depósito do que aí está,
se fez sem risca ou risco.[2]

Seria preciso levar muito à risca o enunciado do último dístico, para ignorar que o livro *Museu de tudo* tem 80 poemas e o poema "Museu de tudo" tem oito versos, que seguem a estrutura da quadra – com rimas alternadas, tal como é praticada por João Cabral – com octossílabos tensos e rimas toantes. O diferencial desse poema reside

---

[2] Melo Neto, 1975, p. 3.

no fato de que a rima toante está presente em todos os versos, quando, na quadra, basta ocorrer entre o segundo e o quarto verso. Uma vez que as duas quadras constitutivas do poema estão aglutinadas em oito versos, bastaria que as rimas ocorressem nos versos 2, 4, 6 e 8. Estando todos os versos rimados entre si, o poema produz um efeito reflexo em que a rima não se dá somente nos versos pares, mas também nos ímpares, como numa reduplicação sonora que instila a reprodução semântica revertida e, por extensão, simula um princípio de saturação expressiva que se faz autoilustrativa. O efeito reflexo assinalado no poema é uma propriedade comum a todo museu, que ilustra o passado encandeando o presente, com algum lampejo de iluminação, que repercute a depender do espectador ou do leitor, conforme o caso.

É preciso referir, ainda, que não é exclusividade desse poema juntar quadras, alterando a configuração estrófica, mas mantendo a disposição rímica que anima a quadra ou o dístico, conforme seja. João Cabral pratica outras modalidades estróficas além do dístico e da quadra – tal como ele consignou a partir do livro *Uma faca só lâmina* –, mas quando o faz, mantém a estrutura rímica do dístico ou da quadra, quais sejam, rimas emparelhadas (dísticos) e rimas alternadas (quadra). A diferença de *Museu de tudo* se constitui mediante o fato de que quatro de seus poemas têm outra conformação, que não corresponde à convenção que ele mesmo criou para si, segundo a qual existe um vínculo íntimo entre a estrofe e a rima. Os quatro poemas divergentes são os seguintes: 1. "A escultura de Mary Vieira"; 2. "A Quevedo"; 3. "Anti-Char"; 4. "Metadicionário". Como três desses poemas são metalinguísticos com a sintaxe formal de outros artistas, ocupemo-nos um pouco com "Metadicionário", que parece ilustrar uma metalinguagem daquele próprio museu. Antes de passarmos pela leitura do "Metadicionário", convém lembrar que a ruptura rímica dos poemas se coloca assim: "A escultura de Mary Vieira", poema de quatro quadras, com rimas emparelhadas;

"A Quevedo", poema de duas quadras, com rimas consoantes e emparelhadas; "Anti-Char", poema de duas quadras, com rimas toantes e emparelhadas. Para finalizar a sequência de poemas, que inaugura outro padrão rímico para a estrofe desenvolvida por João Cabral, cheguemos ao "Metadicionário":

> Em qualquer idioma ela tem
> mesmo e só nome que chamar-se,
> incapaz de não decifrar-se
> lida ou entendida por ninguém.
>
> Nem mesmo Deus tem a faculdade
> de se chamar em qualquer língua:
> só a aspirina existe acima
> da geografia e seus sotaques.[3]

Poema de duas quadras, com rimas toantes emparelhadas, aproxima-se muito do poema "Anti-Char", só que as rimas emparelhadas mudam de lugar, enquanto que em "Metadicionário" mantêm-se no miolo e na margem da quadra, divergindo daquele outro poema em que o emparelhamento das rimas é linear e sequencial. Ambos, todavia, mantêm a rima toante em todos os versos, tal como ocorrera inicialmente com o poema "Museu de tudo", sem restringir o esquema rímico a dois versos, notadamente o segundo e o quarto, ao contrário do que é reproduzido no poema-título e de abertura, e que é profanado pela repetição aqui.

Então, à medida que reproduz o livro em miniatura, explicando-o, o poema "Museu de tudo" adquire função metalinguística por meio da matéria que carrega consigo e faz de si próprio um poema autorreferente, quanto mais não seja mero apêndice da encadernação

---

[3] Melo Neto, 1975, p. 91.

que o enfeixa. Além da relação metonímica que esse poema estabelece com o livro, produz um efeito contrastivo com a obra em geral, porquanto se assume referencialmente como produto de uma circunstância – "sem risca ou risco" –, contradizendo sua fatura formal, quer consideremos a métrica ou a rima dos versos, bem como a sua exploração. Quando chegamos a esse nível de leitura, sua dimensão metalinguística não é mais colocada em face do livro que o reúne, e sim da obra toda de João Cabral, quando observada retrospectivamente, e não só a partir do livro imediatamente anterior.

De igual modo, quando observamos a fatura formal de "Metadicionário", o que está em pauta é a forma mediante a qual João Cabral replica toda sua produção, a partir do livro anterior, muito embora o que esteja referenciado no poema seja a linguagem em geral, que não permite traduções indiscriminadas, nem mesmo quando nos referirmos a Deus, mas acontece com a aspirina, que, naquela circunstância discursiva, tem alguma propriedade superior ao próprio Deus e, por isso mesmo, ocasionalmente se oferece como mais divina que o Deus judaico-cristão. Tudo isso seria facilmente aceito, perante a constatação de que, sendo um objeto de cultura, a aspirina é traduzível por qualquer idioma, reconhecível em qualquer sotaque. Não fosse o fato de que o livro precedente, qual seja, *A educação pela pedra*, carregasse uma de suas preleções poéticas, no justo título "Num monumento à aspirina", poderíamos tomar sua menção agora como acidental. Só que ali o fármaco é imantado pela poesia qual divindade pagã, senão vejamos:

Num monumento à aspirina

Certamente: o mais prático dos sóis,
o sol de um comprimido de aspirina:
de emprego fácil, portátil e barato,
compacto de sol na lápide sucinta.

QUADRO XIV

> Principalmente porque, sol artificial,
> que nada limita a funcionar de dia,
> que a noite não expulsa, cada noite,
> sol isento das leis da meteorologia,
> a toda hora em que se necessita dele
> levanta e vem (sempre num claro dia):
> acende, para secar a aniagem da alma,
> quará-la, em linhos de um meio-dia.
>
> Convergem: a aparência e os efeitos
> da lente do comprimido de aspirina:
> O acabamento esmerado desse cristal,
> polido a esmeril e repolido a lima,
> prefigura o clima onde ele faz viver
> e o cartesiano de tudo nesse clima.
> De outro lado, porque lente interna,
> de uso interno, por detrás da retina,
> não serve exclusivamente para o olho
> a lente, ou o comprimido de aspirina:
> ela reenfoca, para o corpo inteiro,
> o borroso de ao redor, e o reafina.[4]

A transcrição deste outro poema devotado à aspirina se faz oportuna, para dimensionar a exploração de que fora objeto o comprimido universal em composição coligida também em duas estrofes do livro publicado antes e tomado como ponto alto da poesia que reverbera em *Museu de tudo*, trazendo o passado imediato para dentro de si. Em se tratando de duas estrofes de 12 versos, com rimas toantes alternadas – que ocasionalmente se consonantalizam –, é possível ver na estruturação dessas estrofes a base da quadra. Base que foi triplicada na quantidade de versos, e dá a dimensão do vulto

---

[4] Melo Neto, 1966, p. 90-91.

ou da envergadura a que se prestou o poeta na brochura anterior a *Museu de tudo*, onde já praticava o distensionamento da quadra e sua ampliação. Agora, no *Museu de tudo*, a mesma aspirina se vê desnudada em duas quadras apenas, que traduzem por reduplicação a exploração exaustiva já feita anteriormente. Contudo, a redução da quantidade de versos não minimiza a importância conferida à aspirina, antes vista como um sol e agora colocada um pouco acima de Deus. Tal ampliação semântica é reforçada tanto mais quanto mais considerarmos que o poema, intitulado como "Metadicionário", simula um verbete explicativo do poema anterior, em simultâneo à exposição de um problema de linguagem universalista, à proporção que os objetos apresentados e representados parecem mais tangíveis quanto mais forem traduzíveis. A aspirina, sendo traduzível a qualquer idioma, faz-se particularmente traduzível no interior da obra cabralina e sob o idioleto de João Cabral de Melo Neto, que requer uma sintaxe própria, atravessada pela metalinguagem, quanto mais se expande pela exploração dos critérios que ela mesma dispõe na circunstância e que atinge alta estatura como parte de certo museu, que se pauta por ampliar o sentido da quadra – o que já estava sinalizado no livro anterior –, desdobrando-a para dentro da própria obra, revertendo sua formalização e expandindo sua significação.

No poema "Metadicionário" as rimas exercem função ilustrativa dos princípios composicionais, ainda que de modo invertido, pois na primeira quadra vigora a rima consoante entre "tem" e "ninguém", ou, ainda, entre "chamar-se" e "decifrar-se". Afora a alusão semântica a ser depreendida das palavras entre si, o esquema rímico opera uma disjunção no que o próprio João Cabral nos dispusera como uma conquista formal atingida por ele mesmo a duras penas como um legado formal, que ele atualiza, expande e agora reverte contra sua própria *performance* e sua expressão, sob a vestimenta de uma banalização estilística, numa espécie de maneirismo idiossincrático, como se lhe fosse possível. Não sendo possível, destaque-se o efeito de leitura provocado pela segunda quadra, onde o esquema rímico da quadra anterior é subvertido em detrimento da tônica dominante na expressão do autor, segundo a qual a quadra se constitui por meio da rima toante, conforme acontece na correlação das palavras "faculdade" e "sotaques", bem como entre os vocábulos "língua" e "acima", que reclamam uma síntese: a aspirina tem a faculdade de ser reconhecível por todos os sotaques, porque está acima de qualquer língua.

Mais ainda: a aspirina tem a faculdade de estar acima de qualquer língua ou sotaque. Dito assim, prosaicamente, não se chega ao apuro formal constitutivo do poema, que é o que particulariza sua feição poética, mais do que o enunciado que, eventualmente, passamos a depreender daí. Mais do que veículo de informação, o poema se faz um objeto significante, cuja significação haverá de estar invariavelmente aberta para maior ou menor manipulação de seus constituintes. Quanto maior for sua abertura para o manuseio interpretativo do leitor, maiores suas chances de se fazer compreensível, o que retoma a designação de um objeto passível de múltiplas traduções, uma espécie de metadicionário de si mesmo, aqui fartamente ilustrado por João Cabral de Melo Neto, a quem na relação entre poemas se constrói uma composição metalinguística, exibindo-a como uma coisa feita e fabricada para um consumo específico. Nesse momento, parece haver uma limitação das propriedades que animam o fazer poético, porquanto existe algo de restritivo na formulação criativa que se contrapõe à expansão indefinida das múltiplas interpretações. Paradoxalmente, o efeito limitante e restritivo da composição expande a compreensão do que é feito e do que deve ser feito com a poesia, como uma condição sua, mais do que uma prescrição.

Diante disso, interessa destacar o ponto de inflexão que se estabelece a partir desse momento na trajetória autoral e que – mal ou bem, em maior ou menor grau – foi percebido pelos leitores. Sem ignorar que tal inflexão existe, conforme demonstração pelo expediente da rima, que circunstancialmente funcionou como amparo formal e expressivo do autor, é preciso assinalar certa corrosão expressional. Corrosão que só se tornou possível devido às conquistas alcançadas no plano do vernáculo ou da linguagem poética e que se colocam como anteparo às transformações em curso, as quais se ampliam tanto mais quanto maiores forem as perspectivações da obra em pauta, como um mosaico que o autor colocou para si próprio e que o define. Com isso, a transformação se dá por meio de um objeto autorreferente, do qual cada poema ilustra uma metalinguagem, o que tentamos ver aqui por meio do poema "Metadicionário", que ilumina em termos poéticos a obviedade de que, às vezes, menos é mais. Menos pela restrição expressiva do poema, que se expande em direção a outro poema, ou, ainda, menos pela rarefação expressiva, desde antes anunciada, e que agora ganha recurso material e expressivo, incidindo retrospectivamente sobre toda a trajetória autoral.

A metalinguagem estabelecida por meio da própria obra do autor, notada e imediatamente anterior, não descarta a hipótese de metalinguagens outras, quer se refiram à lavra autoral mais recuada no tempo, quer surjam na leitura e na visualização de outras obras ou de outros artistas, com que vinha se limitando e que agora se deslindam, não como um acidente, e sim como uma linha de força de sua tendência expressional, que se desdobra em vários sentidos e diante de vários interlocutores, menos pelo gosto da diversidade do que pelo entendimento, e pela prática consolidada ao longo de décadas, de que a obra poética de João Cabral de Melo Neto mais e melhor se caracteriza na interface com outros artistas, vincando na metalinguagem o seu veio expressional. Nem tanto como um expediente possível a seu desempenho verbal, mas muito mais como uma condicionante estilística, sem a qual sua pena se fragiliza, como se demandasse a existência de modelos ou a concorrência de êmulos, muitos dos quais distintos de si, o que confere um sentido particular para a emulação, que deixa de ser movida pela identidade de propósitos e passa a ser visualizada pela diferença de ofícios e de tratamentos, donde decorre a evocação de um toureiro ou a celebração de um jogador de futebol, por meio dos quais se vislumbra uma interlocução deslocada da identidade promovida pelo código verbal, que agora se expande.

QUADRO XV
A ESCOLA DAS FACAS (1980)

Se o título *A educação pela pedra* chama *Pedra do sono* e confere à pedra dimensão angular na composição de João Cabral de Melo Neto, por seu turno, *A escola das facas* evoca *Uma faca só lâmina* e reforça na obra autoral a dimensão cortante como outra condicionante expressiva, já previsível por meio da pedra, que antecipa o corte da faca em condição mineral. Então, sendo possível ver um entrelaçamento dos títulos por meio de elementos que se tornam basilares ao longo daquela produção literária, esses mesmos elementos expandem-se agora na sua dimensão didática, antes sugerida pelo termo "educação", constitutivo de um título e correlato de outro termo, "escola", que requer alguma porção de aprendizagem por meio do livro de agora, donde salta o seguinte paralelismo: a educação está para a pedra, assim como a escola está para a faca. Tomada a pedra como elemento de uso mais amplo, torna a educação mais abstrata, ao passo que a faca, por ter um uso mais restrito, concretiza o espaço da escola, cujo domínio fica circunscrito ao perímetro de Pernambuco, mais do que de Recife, como o local da aprendizagem.

E se as dedicatórias de todos os livros anteriores se voltavam para a consideração de algum amigo escritor, cujo cordão desenrola nomes como o de Carlos Drummond de Andrade, Willy Lewin, Joaquim Cardozo, Lêdo Ivo, Aníbal Machado, Vinicius de Moraes, Murilo Mendes, Augusto Frederico Schmidt, José Lins do Rego e

Manuel Bandeira, agora a família viria a ocupar o frontispício da brochura autoral. Tal como inicialmente registrava em *Pedra do sono* "A meu pai e minha mãe", agora a dedicatória vai ser "A meus irmãos", que decerto frequentaram aquela mesma escola. Tendo sido o anterior *Museu de tudo* editado pela José Olympio, na José Olympio se manteve a edição de *A escola das facas*, e se preservou o escrúpulo gráfico já sedimentado nas publicações anteriores, mesmo antes de o autor ser chancelado por esse selo editorial.

Cumpre referir, todavia, que, após a dedicatória, figura uma epígrafe: "Rooted in one dear, perpetual place", atribuída a W. B. Yeats. Confrontadas entre si, a dedicatória e a epígrafe, toda a qualificação do espaço escolar passa pela afetividade, que se vinca num lugar que radica certa experiência familiar e social. Lugar que se confunde com a infância: espaço de brincadeiras, descobertas e conquistas. Tudo, assim, seria simples e semelhante, a todos os viventes nascidos no chão pernambucano, mas não para quem faz aproximar o espaço residencial da narrativa histórica oriunda e decorrente da cultura canavieira, que se escancara nesse livro por meio de propriedades familiares, as quais, às vezes, se confundem com a geografia e com a história do estado. Não estranha, a partir daí, que sua casa tenha uma densidade histórica por meio da qual o autor se reconhece, conforme reclama nos seus versos.

Antes de chegarmos à matéria pulsante do livro, vale o registro de que o poema de abertura tem endereçamento preciso, já explicitado no título: "O que se diz ao editor a propósito de poemas", que funciona estranhamente entre o texto e o paratexto na composição da brochura, que colige outros 44 poemas, cuja cifra é desestabilizada por esse poema, quando considerado como constituinte do volume. Acresce ainda que o livro sofreu alteração na quantidade de poemas, que veio a constar na sua reedição em 1994, timbrada pela Nova Aguilar sob o título de *Obra completa*, que lhe adicionou três poemas, quais sejam, "Menino de três engenhos", "A múmia" e "Porto dos cavalos".

Posteriormente, em 2008, a mesma Nova Aguilar, agora no volume *Poesia completa e prosa*, retomou a configuração inicial do livro, que voltou a ter 44 composições, acrescidas da dedicatória autoral em versos feitos ao editor, sempre grafados em itálico para se distinguir dos demais poemas.

Feitas as ponderações acerca da encadernação original e suas variações, é preciso asseverar que a tônica do espaço residencial – municipal ou estadual – não se submete mais a um olhar exterior devotado a um outro, de quem o autor se distancia e se distingue, tal como havia ocorrido quando da tipificação de "Severino" no auto; quando da descrição do entorno do Capibaribe em *O rio*; ou mesmo, quando no livro *O cão sem plumas* o rio é convertido em animal doméstico, que frequenta a casa materna ou dos avós. Agora, neste outro livro, o Capibaribe será convertido em dialeto particular da família em "Prosas da Maré na Jaqueira", que atravessa a residência familiar, ou quando tematiza parte da casa em "O jardim da minha vó"; ou ainda, pelas personagens que ocupavam aquele espaço inadvertidamente, mesmo sem ter laços sanguíneos com o autor, a exemplo de "Horácio", "Cento-e-sete" e "Siá Maria Boca-de-Cravo", expandindo sua experiência sensível por meio das personagens e espaços a que teve acesso mediante sua própria família, tanto a nuclear quanto a que se lhe ajunta, adensando e ampliando a compreensão do que seria familiar e da família em que se desenvolve sua sensibilidade e seu gesto social. A esse respeito, dois poemas devem ser destacados: 1. "Autobiografia de um só dia", porquanto refere certa moralidade de sua família, transmitida de seus pais, que incide sobre sua percepção do mundo e sua compreensão literária; 2. "Descoberta da literatura", porque especifica a experiência viva e crua que forjou sua sensibilidade literária, mesmo antes de saber precisamente o que significava literatura. Por isso, vale a pena se ocupar um pouco mais deste poema, ainda que tomemos sua comunicação perspectivada, porque não se dá isoladamente, e sim ao par de outras composições:

Descoberta da literatura

No dia-a-dia do engenho,
toda a semana, durante,
cochichavam-me em segredo:
saiu um novo romance.
E da feira de domingo
me traziam conspirantes
para que o lesse e explicasse[1]
um romance de barbante.
Sentados na roda morta
de um carro de boi, sem jante,
ouviam o folheto guenzo,
a seu leitor semelhante,
com as peripécias de espanto
preditas pelos feirantes.
Embora as coisas contadas
e todo o mirabolante[2]
em nada ou pouco variassem
nos crimes, no amor, nos lances,
e soassem como sabidas
de outros folhetos migrantes,
a tensão era tão densa
subia tão alarmante,
que o leitor que lia aquilo
como puro alto-falante,
e, sem querer, imantara
todos ali, circunstantes,

---

[1] Até a edição de *Poesia completa e prosa* (2008), esse verso se compunha com o pronome objeto grafado no plural, ficando assim: "para que os lesse e explicasse".

[2] Até a edição de *Poesia completa* (1997), esse verso se compunha com vírgula ao final, ficando assim: "e todo o mirabolante,".

receava que confundissem
o de perto com o distante,
o ali com o espaço mágico,
seu franzino com o gigante,
e que o acabassem tomando
pelo autor imaginante
ou tivesse que afrontar
as brabezas do brigante.
(E acabariam, não fossem[3]
contar tudo à casa-grande:[4]
na moita morta do engenho,
um filho-engenho, perante
cassacos do eito e de tudo,
se estava dando ao desplante
de ler letra analfabeta
de corumba, no caçanje[5]
próprio dos cegos de feira,
muitas vezes meliantes.)[6]

A primeira observação a ser feita sobre o poema grafado em 44 versos é que sua estrutura carrega por debaixo de si a quadra desenvolvida por João Cabral como modalidade estrófica, ancorada na rima alternada pelos versos pares, ora consoante, ora toante. O que não estava previsto como tangente à modalidade estrófica cabralina, embora com algumas ocorrências ocasionais, é o uso da redondilha menor como suporte métrico da quadra. Há, ao menos,

---

[3] Até a edição de *Poesia completa* (1997), o primeiro verbo desse verso constava no singular, ficando assim: "(E acabaria, não fossem".

[4] Até a edição de *Poesia completa* (2014), o substantivo desse verso se compunha com maiúscula, ficando assim: "contar tudo à Casa-grande:".

[5] Na edição original de *A escola das facas* (1980), "cassange" se grafou com dois "ss" e com "g", ficando o verso: "de corumba, no cassange".

[6] Melo Neto, 2020, pp. 529-530.

duas razões para que ocorra aqui, a considerar a circunstância e a matéria tratada. Sendo comum ao verso popular que salta do cordel sua impressão em quadras e em redondilhas, explica em parte a opção autoral; de resto, é muito remota a expressão popular em verso que se dá sob a mediação da quadra, às vezes em redondilha menor, mas preferencialmente na redondilha maior. Convém asseverar, por isso, que o tal romance de barbante deve ser constituído – e assim o tem sido – exclusivamente de redondilhas e em quadra, como uma marca própria do gênero. Então, nada mais oportuno e adequado do que falar de uma experiência literária por meio das formas artísticas que a constituem: a quadra e a redondilha.

Mais do que um consenso artístico, o ajustamento da forma à matéria tratada implica certa subversão na conquista formal, tão rigorosa e duramente alcançada pela trajetória expressiva de João Cabral, que já havia demonstrado ser capaz de recortar e conformar a matéria a suas condicionantes expressionais. Sem deixar de fazê--lo aqui, o cruzamento entre o assunto e sua abordagem adquire talvez um caráter divergente na sua escritura, pois poucas vezes encontraremos o uso sistemático e estruturante do heptassílabo nas suas composições, senão quando abriga certa justeza entre a forma e o discurso projetado, tal como opera na fala de Severino/retirante em *Morte e vida severina* ou de Frei Caneca no *Auto do frade* – personagens criadas pela autoria, com base nalguma consideração no universo popular, com o qual se identifica. O uso da redondilha, pois, tem uma implicação social direta no assunto tratado, que João Cabral não escamoteia, sejam suas personagens decalcadas da história, do seu entorno ou ficcionalizadas pela sua pena.

Os personagens desse poema, sem serem nomeados civilmente, respondem pela sua função ou vínculo social com o autor, sob a ótica de quem os vê de longe e de fora: cassacos, corumbas, cegos de feira e meliantes. Convertidos em tipos sociais, opõem-se ao sujeito autoral pela condição de filho-engenho – o epíteto encontrado para designar a si próprio em condição infantil –, já nomeado em poema inicial, "Menino de engenho". Uma vez explicitada a diferença social, era essa a gente que cochichava ao ouvido do menino "guenzo" – eis aí outro epíteto autoral –, para que o lesse e explicasse. Sob tais circunstâncias, a experiência de leitura desde o primeiro momento foi um ato social para João Cabral de Melo Neto, que jamais fingiu se identificar com os seus circunstantes, mas também nunca deixou de falar deles, ocasionalmente por meio deles, porque falava com eles.

Não estranha, diante desse repertório, a imperativa reivindicação autoral de produzir versos para auditório, para que fossem lidos em "voz alta", o que já estava previsto para *Os três mal-amados* e para *O rio* e, depois, se consumou em *Morte e vida severina*, *Dois parlamentos* e *Auto do frade*. Sua experiência dramatúrgica, todavia, nunca foi consensual e, mesmo quando bem-sucedida, o sucesso talvez se devesse mais à matéria tratada do que propriamente aos efeitos estéticos decorrentes da comunicação teatral, o que parece previsível para quem teve a experiência de plateia confundida com a da autoria ou de seu intérprete, sem a distinção necessária entre artista e público, tal como acontecia por ocasião da leitura dos cordéis, conforme a narrativa. Se a falta de experiência do palco prejudicou o rendimento do autor perante a maquinaria teatral, por outro lado, sua insistência em se expressar invariavelmente em versos constitui algo inusitado na dramaturgia brasileira, que atinge seu ponto alto com outros dois pernambucanos: Nelson Rodrigues e Ariano Suassuna, que viveram o teatro por dentro e não como correlato intrínseco da poesia em versos. Tendo sido a experiência teatral mais viva para João Cabral a declamação de versos alheios em público, ainda na infância, a surpresa e o impacto dos circunstantes decerto se gravou na sua memória como uma experiência afetiva e estética, como diz no próprio poema: "que o leitor que lia aquilo / como puro alto-falante, / e sem querer imantara / todos ali circunstantes". Sem ser propriamente uma experiência burguesa, tal como se prevê no palco à italiana, em boa medida, o sucesso comunicativo se devia decerto à identificação do assunto comum, previamente conhecido pela plateia, que conferia ao discurso uma dimensão mais retórica do que propriamente poética, fosse porque "preditas pelos feirantes", fosse, ainda, porque "todo o mirabolante / em nada ou pouco variassem" e "soassem como sabidas / de outros folhetos migrantes". A unidade temática e a identidade comunicativa propiciava algo como uma catarse crua, em que a experiência se justificava por si e estava assegurada pela identificação da plateia com o assunto e com a *performance* artística, já consabida por todos os presentes. Ora, não será exatamente essa a condição existencial de que o autor disporá posteriormente, quando já homem feito, quando se dirigia a uma plateia letrada e em silêncio.

Se na infância a experiência comunicativa estava assegurada pela identificação com a plateia, sem a necessidade de informações adicionais e anteriores à leitura, instaurava-se uma dinamização do código verbal pela vivência de um objeto literário na plenitude de suas potencialidades comunicativas, a ponto de o autor confessar o receio de "que o acabassem tomando / pelo autor imaginante", por meio do qual entrava em sintonia com a plateia. Não era nítida, portanto, a distinção entre autoria e intérprete. Por conseguinte, a relação com o intérprete era, por si mesma, a relação direta com a obra, cuja verossimilhança não estava em causa, uma vez que já estava assegurada pelo conhecimento prévio do assunto e da forma de apresentação do assunto. A cumplicidade entre os circunstantes conferia àquela experiência uma veracidade que não pode ser reproduzida na leitura silenciosa, porque a transmissão de informação se dava pela via da oralidade, sob o suporte do romance de barbante. O texto existia, portanto, como suporte discursivo para sua materialização sonora, por meio da declamação: uma farsa já conhecida por todos os presentes, que entravam numa sintonia mágica naquela circunstância, justo por causa das histórias consabidamente contadas e recontadas.

Tudo isso é reforçado pela leitura artificiosamente gritada como puro "alto-falante", sem comprometer a eficácia e a excelência da comunicação, tanto para quem lia quanto para quem ouvia aquela declamação, logo convertida em cochichos para que a situação se repetisse, sob algum sigilo ou falha da vigilância do filho do engenho. Não há como negar, havia algo de subversivo e de transgressor naquele ato protagonizado por um menino que atravessa o espaço da casa paterna em direção à audiência dos empregados da casa – que era uma casa-grande –, sob certo suspense, euforia e gozo estético. A intensidade da experiência decerto se gravou no repertório infantil que tentou a todo custo reproduzir ao longo da vida na comunicação com os seus circunstantes, sendo outro o espaço de pronunciamento e outra a plateia. Sem jamais conseguir reproduzir o resultado antes atingido de corpo presente, senão com a representação de *Morte e vida severina*, quando outros declamavam por ele, agora no poema "Descoberta da literatura" a experiência fundante e fundamental é contada, sob as vestes de uma narrativa rota que apenas evoca uma circunstância antes vivida, mas que dificilmente será sentida com força por sua nova plateia, senão com alguma dose de enfado, estimulado pela sensaboria da forma utilizada. O fato é que já não é mais possível aquela identificação fundamental entre autor e público, intérprete e plateia, que animava a experiência comunicativa que o conduziu para o ramo da literatura, que jamais abandonou, ainda que em convivência com outras atividades.

Por ocasião da publicação do poema, algo decerto deveria ser evocado como experiência literária, uma vez que aquela experiência estética primeira não era mais possível, senão como uma recuperação fragmentária da memória em que o autor se expõe subjetiva e socialmente. Subjetiva, porquanto revela do seu repertório, de sua formação literária e das circunstâncias que foram propícias; social, porquanto revela de sua extração social, da família que teve e do que rodeava sua experiência familiar, incluindo aí o espaço residencial. Nos idos de 1980, não podemos nos esquecer, João Cabral já era cônsul e membro da ABL, com um público formado – lido e tido como autor formal. Então, por si só, a simples narração do episódio já quebrava com a expectativa criada em torno do diplomata de carreira que acumulara prêmios literários, sendo aureolado inclusive pelo fardão da Academia. Agora fazer isso numa dicção fanhosa pela reincidência das nasais nas rimas, que conjugam palavras como "meliante", "desplante", "distante", "circunstante" ou "migrantes", implica dilacerar a si mesmo enquanto projeção autoral que se quer equilibrada e grave. Ao menos a imagem de autor que se construiu a seu redor sofre algum revés por agora, talvez até a favor da poesia, mais uma vez.

QUADRO XVI
AUTO DO FRADE (1984)

Publicado inicialmente em 1984, o *Auto do frade* traz consigo algumas curiosidades editoriais. Talvez a mais insidiosa seja a de ter sido publicado por duas editoras no mesmo ano, ensejando duplicidades, sob a dúvida de qual teria sido primeiro publicado: o volume da José Olympio Editora ou da Nova Fronteira? Não só porque a José Olympio publicara os dois últimos títulos de João Cabral de Melo Neto – a saber, *A escola das facas* (1980) e *Museu de tudo* (1975) –, mas também pela informação constante no colofão, a José Olympio teve precedência na publicação, mas se encerrou a parceria entre autor e editora, que já havia se convertido inclusive em composição autoral no livro anterior: "O que se diz ao editor a propósito de poemas". Tendo havido uma primeira edição do *Auto do frade* pela José Olympio, ainda no mesmo 1984, a peça também foi editada pela Nova Fronteira, que passou a dar estampa aos livros do autor, a partir de então.

Sem que tivesse havido diferenças significativas de uma edição para outra – à exceção da capa e da tipografia –, a dedicatória se destaca como elemento paratextual a incidir sobre a publicação como uma marca gráfica que se comunica com a obra em longa extensão e com a anterior, particularmente. Pois se o livro anterior havia sido dedicado aos irmãos que privavam do mesmo espaço de vivência, agora a dedicatória "A meus filhos" acendia a lembrança e trazia a memória perdida, que ganhava contornos especiais naquele 1984, sob os estertores do regime ditatorial ainda vigente no Brasil de outrora. A dedicatória aos irmãos na publicação anterior firma a partilha de uma experiência geográfica radicada em *A escola das facas*, ao passo que a dedicatória aos filhos corresponde a uma advertência histórica por meio de *Auto do frade*. Tempo e espaço se cruzam na ambiência familiar, a qual se exterioriza como algo público, e não privado ou íntimo. Geografia e história se somam como disciplinas e assim instrumentalizam aspectos que apontam para o âmbito social desencadeado a partir da família, sem se restringir ou se fixar aí.

Convém lembrar que naquele ano de publicação eram celebrados os 160 anos da Confederação do Equador (1824), ocasião em que se proclamou uma república no espaço luso-americano contra o absolutismo imperial de Dom Pedro I. O expoente máximo como ideólogo da insurreição foi Frei Caneca: carmelita que já havia participado da anterior Revolução Pernambucana (1817), também sufocada pela repressão imperial, comandada por Dom João VI, naquela primeira ocasião. E embora tivesse havido o sacrifício de alguns mártires naquele momento libertário primeiro – a exemplo do Padre Roma, tematizado no poema "Abreu e Lima" –, a cabeça de Caneca não rolou naquela primeira insurgência, para ser arcabuzado na segunda, uma vez que nenhum soldado quis prestar o serviço inglório de carrasco, tendo o carrasco titular já declinado da sua função tão logo soube quem era o réu julgado a ser punido. Assim como o júri formado para a ocasião não gozava sequer da legalidade vigente na época, tampouco o fuzilamento era um expediente válido para punição, mas nada disso foi observado diante das instâncias imperiais, para que houvesse a repressão implacável a todo tipo de insubordinação à sua figura ou às suas ordens. Uma vez dada a ordem, ainda que ilegal, foi cumprida.

Cento e sessenta anos depois, as ocorrências policiais que animaram o exercício da governança no Brasil respingavam ainda aquelas práticas licenciosas, assim como havia a contraparte efervescente da população ávida a se ver livre das arbitrariedades governamentais, que já tinham ultrapassado todos os limites civilizacionais, para experimentar a barbárie, tal como ocorrera reiteradamente ao longo do Oitocentos brasileiro, e não só ao redor de Pernambuco. Tomando a cidade natal do poeta como referência, não há como fugir ao caráter alegórico da composição em torno de Frei Caneca, que ficou para a historiografia como um insurgente, separatista e incitador da violência contra o poder instituído, ainda mais por querer a emancipação republicana quando da vigência da monarquia. Ao sobrepor sua voz na fala de Frei Caneca, João Cabral de Melo Neto atualiza certa experiência histórica deitada no chão pernambucano, que demanda revisão e se projeta na fala de um ilustrado que vergou sua pena de publicista contra o obscurantismo do poder absolutista. Algo similar pode ser depreendido do uso que o autor faz de sua dicção poética, ficcionalizando fatos históricos sob a perspectiva de quem foi sacrificado injustamente e sem direito a resposta, o que comprometia a legislação e a jurisdição em voga. Um século e meio depois, igualmente injustas porquanto vigentes sob os mesmos arbítrios que se fizeram legítimos.

Não podemos nos esquecer de que, àquelas alturas, João Cabral de Melo Neto era embaixador em Honduras e, portanto, servia à governança, perante a qual a história proscrita da oficialidade voltava como uma revisão necessária a ser feita por parte da historiografia, a ser celebrada qual conquista nativa, sem subserviência, ainda que a custo de algumas cabeças. Como muitas cabeças já haviam rolado entre os anos de 1960 e os de 1980, à medida que a personagem é histórica, isenta o autor de falar por si; à proporção que os eventos estão recuados no tempo, isentava-se o diplomata da acusação de incitar qualquer sublevação no presente, ainda mais num texto em versos, cuja disposição fragiliza a exibição do referente em todos os seus contornos, donde se derivam perguntas: 1. Qual a imagem de

Frei Caneca gravada na historiografia? 2. Que Frei Caneca é aquele do livro, o real ou o fictício? 3. Quais outras personagens do auto devem constar na representação literária como referência histórica? Registre-se: somente Frei Caneca tem nome próprio naquela encenação, já que todos os demais se dividem entre Meirinho, Soldados, Cardeal, Desembargador etc., sem que os nomes se sobrepusessem na escritura à função exercida pelas personagens.

O auto está dividido em sete partes, em meio às quais o Meirinho pronuncia 14 vezes a seguinte sentença: "Vai ser executada a sentença de morte natural na forca [com a variação "por espingardeamento"], proferida contra o réu Joaquim do Amor Divino Rabelo, Caneca". Sendo o nome canônico de fato o que o carmelita elegeu em vida e pelo qual era reconhecido, é de se presumir algum laço entre a história e a ficção dramatizada, o que é reforçado pela variação da fala do Meirinho – que ora se refere à forca e ora ao espingardeamento –, uma vez que houve de fato a mudança no tipo de execução do frade insurrecto, que, àquelas alturas, já não tinha mais voz, ainda que agora esteja representado numa peça subintitulada "Poema para vozes". Isso tudo é indicativo de que, entre as vozes impostadas, a de Caneca não é a que prevalece nem a que condiciona os acontecimentos, a despeito da lisura da sua formulação histórica ou da excelência da formalização dramática. O enredo está recortado desde sua condução da cela até o Largo do Carmo, onde veio a ser sacrificado na vida e no auto. A exemplaridade da punição visava atingir justo os demais religiosos – padres, frades e cônegos – que já haviam se revoltado contra a Coroa junto a Caneca em 1817 e em 1824 voltariam a fazê-lo. A dimensão religiosa do auto, mimetizando uma procissão às avessas, já fora minuciosamente analisada por Alfredo Bosi, no seu excelente ensaio "O Auto do frade: as vozes e a geometria".[1]

---

[1] Bosi, 1988, pp. 96-102.

Sem podermos averiguar com precisão o que foi fato e o que é ficção na narrativa desenrolada ao longo do auto, fica-nos a impressão de que o cotejo com fontes históricas, mais do que explicar, reforça a realização do auto, que demanda tal cotejo como uma condição de leitura, justamente para dimensionarmos a veracidade e a força expressiva de cada voz no contexto representacional em que se dá uma fabulação, indiscutivelmente literária, com todos os predicados compatíveis com a literatura, incluindo aí seu caráter alegórico e sua historicidade. Entre a história e sua dramatização, a fala de Caneca ganha grande ressonância aqui, em parte, porque se trata de um dos momentos excepcionais em que João Cabral devota a utilização do heptassílabo a uma personagem, como se houvesse um vínculo indissociável entre a necessidade comunicativa e a modalidade métrica popular, a redondilha maior, que se faz o metro exclusivo ao frade no contexto daquela composição teatral. No contexto da obra como um todo, a personagem nomeada como frade é o único a se valer de tal modalidade métrica, uma vez que todos os demais personagens se conformam ao octossílabo tenso, caracteristicamente cabralino. Pelo metro e pela rima, o correlato mais próximo de Caneca na pena de João Cabral é Severino/Retirante. Um está para a história como o outro está para a sociologia, que descreve o indivíduo circunstanciado no seu grupo. Menos do que uma hipótese generalizante, interessa flagrar o tipo social convertido em *persona* literária, fabulada com algum grau de contaminação pela realidade social ou pela realidade histórica, perspectivadas entre si, como a própria personagem encena.

> Frei Caneca – O raso Fora-de-portas
> de minha infância menina,
> onde o mar era redondo,
> verde-azul, e se fundia
> com um céu também redondo
> de igual luz e geometria!

Girando sobre mim mesmo,
girava em redor a vista
pelo imenso meio-círculo
de Guararapes a Olinda.
Eu era um ponto qualquer
na planície sem medida,
em que as coisas recortadas
pareciam mais precisas,
mais lavadas, mais dispostas
segundo clara justiça.
Era tão clara a planície,
tão justas as coisas via,
que uma cidade solar
pensei que construiria.
Nunca pensei que tal mundo
com sermões o implantaria.
Sei que traçar no papel
é mais fácil que na vida.
Só que o mundo jamais é
a página pura e passiva.
O mundo não é uma folha
de papel, receptiva:
o mundo tem alma autônoma,
é de alma inquieta e explosiva.
Mas o sol me deu a ideia
de um mundo claro algum dia.
Risco nesse papel praia,
em sua brancura crítica,
que exige sempre a justeza
em qualquer caligrafia;
que exige que as coisas nele
sejam linhas precisas;
e que não faz diferença
entre a justeza e a justiça.[2]

---

[2] Melo Neto, 1984b, pp. 44-45.

Das seis falas isoladas de Frei Caneca, ao longo do auto, essa é a quarta, sendo todas constituídas de 40 versos, com rimas entre os versos pares, dado suficiente para entender que cada fala de Caneca seja constituída de dez quadras, emendadas entre si, para camuflar a estrofação que lhe serve de base, até porque a quadra já está associada a um distintivo expressional e também para conferir maior cursividade à fala, que deve ser lida em voz alta ou representada no teatro. Interessante é perceber que o dado expressional não contradiz a verossimilhança da obra, decalcada da história. Se antes a matéria exterior – fosse geográfica, fosse social – servia tanto mais, quanto melhor se adequasse ao recorte desferido pela pena autoral, aqui temos certa distensão do estilo, que permite a incorporação do elemento histórico sem comprometer a expressão autoral e sem conferir um tom artificioso ao discurso, demasiado distante da referência, para servir aos princípios composicionais, correlatos de Brancusi ou Sophia de Mello Breyner Andresen, conforme indicam outros versos redondilhos que saem da boca do mesmo Frei Caneca ali personalizado.

Afora as seis falas em que Frei Caneca fala só, há um diálogo entre "O Oficial e Caneca" desenvolvido ao longo de dezesseis versos, em que a fala do frade assume o metro octossilábico das demais personagens. Assim também ocorre com todos os demais diálogos – recortados em 16 octossílabos –, à exceção de quando "A gente" fala sozinha em oito versos, de oito sílabas. A indicação numérica serve para marcar que às personagens correspondem metros indicativos de sua função na obra e de sua função social na história, tal como ocorrera com *Morte e vida severina*, onde o Severino/Retirante, o Carpina e outros populares falam sob o verso redondilho, ao contrário da gente distinta. Também aqui Frei Caneca se distingue da outra gente, ao falar em redondilhas maiores.

Ademais, todas as referências que saltam da fala de Frei Caneca são compatíveis com a realidade: o bairro onde residia o pai tanoeiro e onde o frade passara a infância, o arco que o mar faz de Guararapes a Olinda e a percepção visual da personagem – necessariamente poética –, já que a descrição da paisagem que o rodeia, mais do que afetiva, é simbólica, porque ele se confunde com ela, tamanha é a identificação. Todo esse repertório nativista acendia o ânimo contestatório contra a Coroa lusitana, no exercício arbitrário do poder centralizado no Rio de Janeiro e personalizado na figura de Dom Pedro I. Curioso mesmo é que, junto à luminosidade da razão ilustrada de que se vale, acrescenta-se-lhe certa visualidade discursiva que salta de sua pena para descrição dos artefatos circunstantes: praia, planície, sermão, caligrafia... Tudo se submete ao imperativo da clareza solar que a tudo ilumina, como se conduzisse inapelavelmente a uma civil geometria.

Nada mais oportuno, a essas alturas, do que lembrar que, se houve uma modalização na incorporação da referência exterior, até que fosse assimilada ao discurso autoral, a expressão artística não abre mão da metalinguagem de que se constitui, para a qual a clareza do mundo só tem validade porquanto encontra recurso na brancura do papel, como um símile que conduz a racionalidade para a literatura e, como arte verbal, um traço distintivo do autor, que não se expressa sem fazer menção ao processo compositivo. O auto cabralino verbalizado em versos é antes de tudo um mecanismo autoexplicativo e autorreferente, para o qual a medida de todas as coisas passa pelo crivo de suas condicionantes expressionais, que se impõem como critério de verdade histórica e de verossimilhança artística.

Todos os limites dados pela circunstância histórica valem tanto mais, quanto maior for a compatibilização com os limites dados pelas circunstâncias de escrita, que se oferecem como correlatos objetivos da vida cotidiana, sem ser seu correspondente exato e sem poder conformar uma à outra, evidenciando aí certa instabilidade, notadamente quando refere com todas as letras: "Sei que o mundo jamais é / a página pura e passiva. / O mundo não é uma folha / de papel receptiva: / o mundo tem alma autônoma, é de alma inquieta e explosiva". Nessa passagem do texto, não é somente Frei Caneca quem fala, mas por debaixo da fala da personagem é perfeitamente possível enxergar uma moralidade do autor aí inscrita. Ao falar por meio de Frei Caneca, mais do que expressar sua particularidade autoral, João Cabral materializa a história como um artefato de linguagem fabricado, que se oferece ao leitor para decifração. Se isso não for um meio de fazer história, ainda que sob o verniz dos versos, certamente será um modo de incitar o entendimento histórico por meio das referências citadas, bem como por meio das referências formais com que um autor conduz a seus procedimentos artísticos, a seu estilo ou a si mesmo, que é sempre um modo de conhecimento estruturado, porquanto é produto de uma racionalidade que apela para a sensibilidade do leitor.

    Para tanto, convém lembrar que, embora a abertura democrática já estivesse no horizonte, quando da publicação do *Auto do frade* ainda vigorava a ditadura militar, cuja saída do poder somente se daria no ano seguinte. Sob o ponto de vista autoral, tratava-se efetivamente de um embaixador a escrever sobre a história do Brasil em versos. Sendo essa a condição formal do sujeito autoral, é preciso relembrar que o autor já era reconhecido nacionalmente devido ao sucesso de *Morte e vida severina* e, entre os militares, por ter sido objeto da acusação de depor contra o país, para servir aos russos – que naquele momento era sinônimo de "comunistas". Individualmente, não havia meios de deixar de ser conflituosa a publicação do livro. Em parte, porque reacenderia suspeitas de insubordinação, devido à matéria do livro; em parte, porque, publicado pela Nova Fronteira, o ligava de volta a Carlos Lacerda (principal responsável pela constituição do processo contra o autor), uma vez que a propriedade dessa editora era de seus filhos. Sem poder enganar a própria memória, até porque o autor teve de se haver sem proventos para sustentar os filhos, de quem teve de se afastar temporariamente, o seu sacrifício parecia pequeno quando confrontado ao de Frei Caneca, que perdeu a própria vida e figurava como um exemplo.

A simpatia para com o frade carmelita não ficava restrita à postura política destemida com que enfrentou a ditadura imperial. Mais do que isso, a admiração de Cabral pelo publicista se voltava também à clareza com que este se pronunciara no *Tifis pernambucano*, periódico por ele editado, desancando toda sorte de abuso exercido pela Coroa. Professor de Lógica e de Retórica, Frei Caneca impostava um discurso no jornal que haveria de ser, insofismavelmente, claro, despertando não só a simpatia e a admiração do poeta, mas também se oferecendo como modelo intelectual, a cuja intervenção lhe foi atribuída a "civil geometria", tão propalada pelo autor, como uma meta de escrita, ilustrada pelo frade que ocasionalmente se limita com Joaquim Cardozo como modelo expressional, tal como se registra no último verso da longa composição "Cenas da vida de Joaquim Cardozo", coligida em *Crime na calle Relator*. Antes disso, todavia, o poeta já tinha lhe devotado duas composições: "Frei Caneca no Rio de Janeiro" – estampada inicialmente no livro *Museu de tudo* – e "Descrição de Pernambuco como um trampolim" – reunida no livro *A escola das facas*. Quando não houver mais nenhuma razão para falar da *persona* histórica, fica a asseveração de que marcou pontualmente a obra de João Cabral de Melo Neto e não de modo casual.

QUADRO XVII
AGRESTES (1985)

Tendo sido publicado logo em seguida ao *Auto do frade* (1984), que se formaliza em torno de Frei Caneca, *Agrestes* (1985) coleciona uma quantidade de poemas escritos antes do livro *A escola das facas* (1980), o qual se restringe ao recorte memorialístico de Pernambuco, sem incorporar a experiência sensível que registra a passagem de João Cabral de Melo Neto pelo Senegal – onde fixou residência por ocasião da nomeação para a embaixada do Senegal, Mali, Guiné e Mauritânia –, em observância aos apelos de Léopold Senghor, presidente do Senegal e poeta. Ficando naquele posto por dois mandatos, de 1972 a 1979, depois foi transferido para a embaixada do Equador e daí para a de Honduras, cuja vivência também está registrada na nova publicação. E se a escrita de *Auto do frade* se dera entre Quito e Tegucigalpa, boa parte da escrita de *Agrestes* se deu em simultâneo, uma vez que reúne a lavra autoral elaborada desde Dacar, mas se estendendo a essas cidades do Equador e de Honduras. De um modo ou de outro, o horizonte geográfico que adquire função representativa na pena do poeta agora se expande em direção a outro continente (África) e outros países: Senegal, Equador e Honduras, sem se restringir mais à Europa e à América ou a seus dois polos: Recife e Sevilha, embora se mantivesse também aí.

Dividido em seis partes, o livro *Agrestes* recobra o repertório geográfico e imagético do autor, que se atualiza, e ao mesmo passo se expande em direção a novas paragens, que correspondem a certa viragem estilística, com a matéria se renovando como paisagem e como tópica autoral, assim distribuídos: 1. De Recife, de Pernambuco; 2. Ainda ou sempre, Sevilha; 3. Linguagens alheias; 4. Do outro lado da rua; 5. Viver nos Andes; 6. A "Indesejada das gentes". As três primeiras partes recuperam e ampliam dimensões da escrita autoral que já tinham sido exploradas antes e que agora ganham novos contornos – estejam relacionados a Pernambuco, à Espanha ou à metalinguagem forjada na interlocução com a obra de outros artistas. É preciso insistir que o diferencial da matéria a ser incorporada pela expressão autoral se desencadeia a partir de sua nova experiência do Senegal a Honduras, passando pelo Equador, como índices de novas condicionantes para a poesia de João Cabral de Melo Neto – notadamente a reunida nas partes 4 e 5 –, para dedicar a última parte do livro à sua fixação invencível pela morte, cuja tonalidade expressiva já havia incorporado desde suas primeiras publicações e que agora se vê expandida em excelentes poemas, tais como "A morte dos outros" ou "Questão de pontuação".

Também em relação às três primeiras partes, é possível destacar extraordinárias composições tanto em relação a Pernambuco – "O jardim de minha vó" ou "Seu Melo, do Engenho Tabocas" –, quanto em relação a Sevilha – "A luz de Sevilha" ou "Anunciação de Sevilha" –, ou ainda em relação à metalinguagem, quando surgem os surpreendentes poemas "Murilo Mendes e os rios" ou "Contam de Clarice Lispector". O que não estava previsto era a destinação da quarta parte do livro, do autor obsessivo pela quadratura, ao culto do Senegal. Por isso mesmo a ênfase aqui será dada a um poema dessa parte, para efeito de análise, a pretexto de demonstrar o que muda na expressão autoral, mantendo e consolidando um estilo que, por seu turno, funda uma sintaxe poética na língua portuguesa, a qual expande a própria sintaxe da língua portuguesa por meio do rendimento dos versos no curso da frase.

Antes disso, porém, é necessário assinalar alguma mudança já na configuração do livro como uma encadernação autônoma por meio de seus paratextos, conforme se apresentam ao leitor, a começar pelo título, que pluraliza uma sedimentação geográfica específica da região Nordeste, entre a Zona da Mata e o Sertão, já tendo deixado para trás o litoral. Então, essa sedimentação geográfica faz a mediação entre a parte da região úmida e a semiárida, caracterizando-se como subúmida, sendo simultaneamente um lugar de fronteira e de passagem em direção ao interior, rumo a oeste. Curiosamente o Agreste é a parte menor da região, quer tomemos a extensão territorial coberta ou a densidade populacional registrada, com maior concentração no litoral e na Zona da Mata. Sendo, portanto, uma parte bastante singular da região, ao ser pluralizada no título, amplia no nível lexical algo característico à sua expressão em versos: conferir à matéria e à circunstância de pronunciamento uma porosidade para além do tempo e do espaço demarcados na existência concreta e tangível. Paradoxalmente, pela própria singularização da sedimentação geográfica, o título *Agrestes* se nega à universalização, apesar de tão característica à expressão autoral. O plural de *Agrestes* não se limita com o plural de *Os sertões*, posto que o Agreste não possa jamais ser transferido para o mundo todo, dada a sua especificidade geográfica caracterizada pela baixa densidade populacional e pela extensão de terra relativamente pequena.

A hesitação oscilante que salta do título, do singular que se pluraliza sem alçar à condição universal, é desdobrada na epígrafe de Marianne Moore: "Where the personal liking we go. Where the ground is sour...". Esse sólido ácido que cresta e queima não deixa de ser um lugar desejado ou, ao menos, onde se deseja ir, de acordo com a epígrafe. Todavia, não é somente por meio da epígrafe que Marianne Moore se faz presente no livro, mas também mediante dois poemas ali coligidos, naquela parte intitulada "Linguagens alheias", sob os seguintes títulos: "Ouvindo em disco Marianne Moore" e "Dúvidas apócrifas de Marianne Moore", nos quais podemos encontrar dísticos com enunciados semelhantes a estes: "Da voz fria do poema impresso / em nenhum momento destoa", ou ainda, na quadra em que anáforas fazem as vezes de rima espelhada: "Sempre evitei falar de mim, / Falar-me. Quis falar de coisas. / Mas na seleção dessas coisas / Não haverá um falar de mim?".

Nesse tipo de rima em que a palavra "coisas" rima emparelhadamente consigo mesma e existe um abismo entre "mim" e "mim", mais do que uma mudança no esquema rímico – que não deixa de existir –, o autor encontrou um correspondente formal para mimetizar o dilaceramento provocado pela surpresa que o aparta de si mesmo ou de seu ideário, segundo o qual haveria uma distância entre ele – na condição de sujeito – e as coisas de que fala – na condição de objeto. Qual não é a descoberta ao perceber-se inscrito nas coisas que se emparelham consigo, tal como a rima na estrofe, a qual desestabiliza a modalidade de quadra que ele vinha perseguindo há algo como 30 anos, se tomarmos como referência a publicação de *Duas águas* (1956). A organização do raciocínio entre o sujeito e o objeto, cujo correspondente imediato seria o da quadra com rimas toantes e alternadas, vai ser completamente profanada aqui. O emparelhamento das rimas, ao passo que altera a modalidade rímica, altera por extensão a modalidade estrófica, uma vez que a quadra praticada por João Cabral era, predominantemente e quase invariavelmente, em rimas alternadas. Deixando de ser alternada, a rima solicita outra modalidade estrófica que já vinha sendo praticada por ele, qual seja, o dístico. Com isso, é como se houvesse uma fusão entre a quadra e o dístico, como equivalente entre o sujeito e a coisa verbal construída por ele. Trata-se, portanto, de uma modalidade de quadra que o autor já vinha explorando desde o livro *Museu de tudo* (1975) de maneira acidental e que, a partir de agora, vai ganhar maior regularidade e até sistema na sua expressão, porquanto sinaliza uma inversão de procedimento: não mais falar das coisas por si, mas expandir a consciência verbal ao falar de si por meio das coisas eleitas, que não são coisas quaisquer, à proporção que revelam sempre algo de quem fala.

Curioso mesmo é que, até *A escola das facas* (1980), a dedicatória era bastante como paratexto autoral, quando não subscrita por alguma epígrafe. Dali em diante, abriu-se a possibilidade de a dedicatória ser também um poema-dedicatória, que naquele primeiro momento foi devotado aos editores, sob o seguinte título: "O que se diz ao editor a propósito de poemas". Agora, em *Agrestes*, o poema-dedicatória se voltará para um poeta paulista, assim intitulado: "A Augusto de Campos". Curioso mesmo é que na secção "Linguagens alheias" haja poemas como "A Camilo Castelo Branco" ou "A W. H. Auden", mas o autor tenha preferido deixar aquele poema na abertura do livro, e não junto a outros escritores e artistas, entre os quais muitos haviam sido seus amigos, tal como o poeta concretista, que ficou grafado isolada e destacadamente no início da brochura. Tal como ficou disposto ali, inclusive pelo itálico da grafia na edição *princeps*, o poema-dedicatória só encontra correspondente gráfico no poema de encerramento do livro "O postigo", por seu turno, dedicado "A Theodomiro Tostes, confrade, colega, amigo". Excetuados esses dois poemas – o de abertura e o de encerramento –, o livro reúne 90 composições, distribuídas nas seis partes numeradas. Acontece que as partes 4, "Do outro lado da rua", e 5, "Viver nos Andes", colecionam, cada uma por si e respectivamente, dez composições, que é o menor número para cada parte. Portanto, essas duas são as menores partes do livro, simulando dois Agrestes dentro do livro *Agrestes*.

Feito o mapeamento do livro, a parte de que nos ocuparemos por ora é constituída de dez poemas, estruturados em quadras ou rimas toantes e alternadas, bem de acordo com o que foi convencionado pelo próprio autor para a sua expressão. Portanto, o que aí aparece da paisagem africana ou senegalesa passa pelo crivo do estilo autoral estruturado conforme o que ele mesmo convencionou ser um traço distintivo seu, para se tornar símile ou equivalente icônico da elaboração artística, antes e até aí polarizada entre Recife e Sevilha, ou, ainda, Brasil e Espanha, que agora se anima e ganha novo fôlego para abarcar a África, o Senegal ou Dacar – se quisermos nos restringir à quarta parte do livro, já que a parte seguinte é dedicada aos Andes. Mas como nem tudo que aparece no livro *Agrestes* é novidade em relação à expressão sedimentada ao longo das quatro décadas anteriores por João Cabral de Melo Neto, vejamos como ele compatibiliza o Senegal com a cabra em quatro quadras:

O Senegal *versus* a cabra

Está ameaçado pelo Sahel,
que é ameaçado pelo Saara,[1]
que cada ano avança a savana
de perto de seiscentas braças.

Profundos exportam a ideia
de que todo o mal vem da cabra,
que avança o Saara que avança
levado da cabra e seus mapas,

o que vale pensar que os peixes
são a espoleta das marés.
Mas penso: não seria a cabra
conduzida? ela a capaz do até,

do até último? desse até onde
onde só a cabra sobrevive?

---

[1] Até a compilação desse poema na edição de *Poesia completa* (1997), esses dois primeiros versos se compunham sem vírgula ao final, quando eram grafados assim: "Está ameaçado pelo Sahel / que é ameaçado pelo Saara".

e por que sobreviver a esse onde
é como se ela o conduzisse?[2]

Esse é o oitavo poema dos dez encerrados na parte intitulada "Do outro lado da rua". Embora exista algo de distante e de difuso no poema que nos dá a ver o Senegal por meio do Sahel e do Saara, em franca concorrência no nosso imaginário, chega-nos também algo sob a mediação da cabra, que é um elemento singularmente conhecido na escrita de João Cabral de Melo Neto. O título do poema sugere, pois, uma equivalência desigual entre o espaço geográfico que limita um país com um mamífero, o qual ocupa lugar de destaque na poesia em pauta. Contudo, no curso da leitura percebemos uma dualidade outra, resultante da hipótese de que o avanço da cabra através do Saara viesse a comprometer a própria integridade física do Senegal, donde se justifica o título. Aliás, o sujeito da frase que se organiza na primeira estrofe é justo o Senegal, depreendido do título que se estende para a estrofe, simulando uma indeterminação subjetiva, que é dada pelo uso da terceira pessoa sem a indicação explícita. Acontece que quando fazemos a operação lógica sob a interrogação de quem está ameaçado pelo Sahel, logo chegamos ao país nomeado no título e deduzimos sem grandes dificuldades que a expressão supressiva de elementos da frase é algo que particulariza a escrita de João Cabral, a qual, circunstancialmente, ilustra a supressão do país como sujeito da frase e, por conseguinte, designativo de quem promove a ação passiva de estar ameaçado. De modo similar, há uma equivalência na indeterminação do sujeito na segunda frase, aludida pelo adjetivo "Profundos", sem nomear quem seria, até porque são os tais "profundos" que atribuem à cabra a responsabilidade do avanço do Saara e o esvanecimento do Senegal.

---

[2] Melo Neto, 2020, p. 649.

Devido à hipótese estapafúrdia, o adjetivo "profundos" adquire, por contiguidade, conotação irônica, devido à falta de cabimento, na verdade. Daí sucede o deslocamento para a hipotética profundidade, porque no real não é compatível com nada, justo ali onde poderia talvez se fixar e ser designada a ação. Diante da impossibilidade de se mostrar tangível, a hipótese vai para a profundidade dos "profundos". O contraponto lógico dado pelo autor é o da relação com os peixes, que, se lhes aplicando o mesmo raciocínio, seriam os responsáveis pelos maremotos e outros cataclismas, sem que possam jamais responder pelo que acontece no mar. Feita a ponderação, segue-se a defesa da cabra, que, sendo conduzida, é por excelência um animal capaz de adaptação, mesmo em local indefinido ou indeterminado. A cabra viria, pois, a ser animada pela própria subsistência, por ser aquela que não se resigna mesmo diante das maiores adversidades, confundindo-se com o espaço que frequenta, ao qual se devem as três ocorrências do pronome "onde" na quarta estrofe. Na obra de João Cabral de Melo Neto, é no livro *Quaderna* (1960), no qual foi coligida primeiramente a longa composição "Poema(s) da cabra", que existe a cogitação demoníaca da cabra, no quarto "Poema da cabra", subintitulado "Parte com o diabo".

Então, aquela propriedade da cabra, capaz da adaptação mais adversa, é que lhe confere algum grau de parentesco com o diabo, que no poema de *Agrestes* faz as vezes de bode expiatório de uma calamidade física e social, geograficamente determinada. Na falta de alguém a quem responsabilizar, por que não esse bicho tão suspeito que é a cabra? A contra-argumentação autoral se vale de uma lógica básica: "não seria a cabra conduzida?". Sendo ela conduzida, não foi ela por conta própria que tomou aquele rumo, possivelmente comprometedor da paisagem e da colheita do Senegal, a se considerar que ela (a cabra) é a mais resistente dos animais e suportaria condições a que os demais sequer cogitariam. Também por isso, todos os grifos devem ser feitos à preposição "até", cuja função é potencializada no poema, menos como limitante do que como elemento expansivo das possibilidades e potencialidades da cabra. As ocorrências de "até" no poema são também diversas e variáveis semanticamente falando. Pois, marcando pontualmente frases e versos, a preposição se coloca como limite linguístico e assume viés metalinguístico pela ampliação de sentido que engendra e pela poeticidade que instaura mediante sua repetição, que salta de uma estrofe para outra, de um verso para outro e de um sintagma para outro.

    O "até", o "até último", o "até onde", o "onde onde" e o "esse onde" criam uma cadeia significativa segundo a qual a indeterminação do lugar ou do limite caracteriza, paradoxalmente, o lugar e o limite da cabra. Ao pronominalizar a indeterminação do limite espacial intangível pela cabra, que se abstrai num "onde" e que ultrapassa qualquer limite, materializa no texto esse limite incondicionado, inscrevendo-o ali. Não estranha, a partir disso, que uma utilização imprevista do "até" seja sucedida de imediato por um uso especioso do "onde", inclusive anteposto pelo "até", que já se repetira sem referir um lugar exato. A indeterminação do "onde" como um pronome relativo de lugar se esvazia na referência inominada, que se grava no texto sob a mediação do "até". Com isso, o pronome passa a ser o próprio lugar, que, sem ser nomeado, nomeado está. Não como uma representação de um lugar outro, mas como o lugar próprio que se repete no verso seguinte, para adquirir a propriedade de uma coisa que se autonomeia e se justifica sem a mediação alheia, nem mesmo sob a mediação da cabra. Aliás, a cabra, que sobrevive a esse "onde", não tem como ter conduzido a esse lugar ou ao problema que lhe é decorrente, tampouco ficaria ali, sob pena de ser identificada e confinada àquele espaço indistinto, ao qual não se conforma devido à sua especificidade e distinção, que não permitem o seu confinamento a um espaço específico como se dependesse dele. A singularidade de a cabra ser indomável e adaptável a qualquer lugar se faz incompatível com a sua identificação com um espaço específico, porque sua designação é inversamente proporcional à propriedade de um lugar redutível a seus próprios limites.

O interessante do raciocínio inscrito no léxico, na sintaxe, nos versos e nas estrofes é que foi engatilhado pelo uso imprevisto e adequado da preposição "até", que, por contiguidade, desencadeia e transfere a condição de elemento representativo do espaço e de si mesma para o pronome "onde", que se autonomeia como um lugar indeterminado, tal como é identificado no corpo do poema e com o qual o Senegal, circunstancialmente, se identifica. A cabra, por seu turno, sem reclamar, sem querer e sem conseguir se identificar com ninguém, tampouco consegue se submeter aos termos de uma formulação demasiado abstrata para a materialidade de sua condição de existência, com a qual se defronta.

Isenta de responder pelas calamidades ou reveses ocorridos no Senegal, devido à impossibilidade de identificação da cabra com uma localidade ou uma sedimentação geográfica – seja o Sahel, seja o Saara –, a cabra sai incólume da acusação, porque não pode se identificar com o local nem responder pelo "onde" de que se reveste ou pelo "até" com que se limita. Sem a possibilidade de identificação, o pronome não lhe cabe qual uma vestimenta, como não cabe também a preposição, ainda que travestida de outras funções decorrentes da adverbialização que lhe vem a ser constitutiva. Se a exploração da referência permitiu ao poeta expandir a poesia a lugares imprevistos, agora pelo uso inaudito do pronome ou da função pronominalizada que a preposição ou o advérbio podem adquirir, ele desveste o discurso, ao revés, de todo o seu artifício e de todo o seu artificioso, para chegar ao núcleo da expressão da cabra, que, aliás, vem a ser o núcleo da expressão cabral, representativa de certo João. Isso que ocorreu nesse poema com o "onde" acontecerá também com outros poemas do mesmo livro, a exemplo de "O último poema", com o pronome "quem", ou da composição "A morte dos outros", com o pronome "quando", o que vem a ser também um traço estilístico que aqui se expande: falar não só por meio de substantivo para atingir o núcleo expressional – no que se empenhou durante toda a trajetória –, mas também por meio de pronomes, expandindo os usos da língua sem nomear as coisas, mas, ao nominalizar os pronomes, falar de si ou de seus procedimentos formais. Para arrematar o raciocínio, não custa visualizar, na acusação imprópria e indevida de que a cabra foi objeto, um símile do processo de que o diplomata João Cabral de Melo Neto foi acusado injusta e descabidamente, sem que os termos da acusação pudessem lhe ser aplicados, e, ainda assim, lhe rendeu a suspensão dos vencimentos durante quase dois anos.

Interessante é perceber o quanto os pronomes na expressão de João Cabral de Melo Neto deixam de designar nomes já referidos, para constituir outra significação que se inscreve particularmente no curso da linguagem grafada, ao longo dos versos e das estrofes – como artefato poético, portanto. Convertidos em particularidades expressivas, quando os pronomes são utilizados pelo poeta, especialmente nesse livro, mas não somente aí – seja "quem", seja "quando", seja "onde" –, deixam de referir pessoas, lugares e circunstâncias exteriores ao texto, para configurar uma significação particular inscrita naquela ocorrência textual específica. Mediante tal procedimento poético, sem alterar o significante utilizado, mas expandindo sua função por meio de uma exploração bem determinada, expande também e por conseguinte sua compreensão, abrindo a possibilidade de novos usos do léxico e, com isso, mostra novas dimensões do vernáculo, que se nos revela em franca transformação ou em estado poético, como se queira.

QUADRO XVIII

CRIME NA CALLE RELATOR (1987)

A primeira publicação de *Crime na calle Relator* (1987) veio chancelada pela cifra de 16 poemas ali reunidos, todos de corte narrativo, pelo enredo que os anima e pela extensão dos versos; à exceção de "O exorcismo" (com 16 versos) e de "O desembargador" (com 24 versos), todos os demais poemas orbitam em torno dos 40 versos, sempre tendentes a ter mais. Até aí manteve-se o quadrante da poesia de João Cabral de Melo Neto tal como fora concebida e praticada até então, com o acréscimo da variante narrativa, que lhe conferia certo encanto expansivo. Tudo isso fora concebido na publicação original, contemplando as reivindicações autorais, já manifestas nas publicações anteriores, inclusive as editadas pela própria Nova Fronteira – notadamente *Auto do frade* (1984) e *Agrestes* (1985). Justiça seja feita: a Nova Fronteira deu continuidade à prática iniciada na Editora do Autor e continuada pela Editora José Olympio, qual seja, de observar o espaço da página na composição da estrofe ou do poema, marcando um traço autoral, que remonta à sua anterior condição de editor ou de incondicional artista da palavra que se preocupa com a grafia, bem como com a disposição tipográfica.

Os poemas então publicados seguiam uma ordem gráfica extensiva àquelas praticadas anteriormente, para conferir nitidez expressional ainda maior, sempre sob a mediação de uma página em branco – tal como se fizera outrora –, e apenas algumas publicações comerciais posteriores não reproduziram o procedimento, deixando coincidir o final de um poema com o início do outro. Na contramão do excesso vocabular, João Cabral de Melo Neto sempre fizera uma opção pela contenção, do verso e da frase, contraparte expressiva à redução espacial da página a que esteve submetido, de modo que se produzisse algum diferencial de leitura decorrente do efeito gráfico, sem a ilusão de que, economizando o papel, pudesse aumentar a tiragem e o público. Mesmo quando seus poemas foram publicados consecutivamente, um após o outro, a economia do espaço da página no rendimento da composição ou da estrofe sempre foi observada, desde que a publicação tivesse a interferência autoral. Pois o poeta sempre teve em primeiro plano a experiência estética, decorrente da leitura, que se dá junto ao espaço gráfico da escrita, onde fica visível o objeto literário, circunstanciado numa brochura particular.

O comentário ganha algum poder de elucidação quando observamos que, tendo sido publicado em 1987, *Crime na calle Relator* teve reedição no ano seguinte, sob a brochura intitulada *Museu de tudo e depois: obras completas II* (1988). Sem nunca ter havido a publicação do volume correspondente às obras completas I, *Crime na calle Relator* foi colecionado ali sem mais a observância de que os poemas se distinguiam entre si, pela separação de uma página, nem tampouco com a observação de que as páginas se ordenavam por um número equilibrado de estrofes, de modo a valorizar a experiência de leitura. Ao contrário, aumentou-se o tipo das letras – talvez para assegurar a efetividade da leitura –, ficando os poemas comprimidos entre si, de página a página, até o final da publicação. Não deixa de ser curioso que a edição desse volume tenha sido feita pela Nova Fronteira, que publicara o volume isolado no ano anterior.

Não bastasse a anomalia da mudança tipográfica em espaço de tempo tão curto, aquela nova publicação registra o sumiço de um poema, que constava na publicação original de *Crime na calle Relator*, qual fosse, "A sevilhana que não se sabia", devotado à segunda esposa do autor, que era a própria organizadora do volume. Por qual razão o poema não foi estampado ali é ainda um mistério, que, não tendo sido desvendado, foi resolvido no ano seguinte, quando da publicação de *Sevilha andando* (1989), onde consta como composição de abertura que desencadeia a nova série de poemas. Portanto, no ano de publicação do livro *Crime na calle Relator* (1987) o poema "A sevilhana que não se sabia" estava ali; no ano seguinte, por ocasião da publicação de *Museu de tudo e depois* (1988), esse poema desapareceu; para reaparecer no ano subsequente, quando da publicação de *Sevilha andando* (1989), ao qual ficou associado desde então. Cumpre salientar que os três volumes foram publicados pela mesma Nova Fronteira em três anos consecutivos.

Curioso mesmo é que, em simultâneo ao desaparecimento desse poema na segunda edição da obra, apareceram outros que foram incorporados ao livro *Crime na calle Relator* naquele volume de 1988, quais sejam, "Numa sessão do grêmio", "Menino de três engenhos", "Episódio da Guerra Civil espanhola", "Brasil 4 x 0 Argentina", "Antonio Silvino no Engenho Poço", "A múmia", "Beco da facada", "Porto dos cavalos" e "Cenas da vida de Joaquim Cardozo". Com isso, o livro que colecionava 16 poemas em 1987 passou a colecionar 24 poemas em 1988, homologando o deslocamento de um poema e a incorporação de nove outros, os quais dilaceram a publicação original do livro, expandindo-o. É preciso frisar ainda que a expansão da quantidade de poemas não parou aí, mas teve continuidade na publicação da *Obra completa* (1994) – Nova Aguilar – e da *Poesia completa* (1997) – Nova Fronteira –, cuja oscilação entre a entrada e saída de poemas hoje se nos apresenta a cifra de 25 composições, tal como consta na *Poesia completa* (2020), da Alfaguara.

Assim como os poemas de *Agrestes* (1985) tematizam circunstâncias e paisagens vivenciadas na década anterior, quando o autor residia no Senegal e no Equador, nada nos assegura que os poemas incorporados às reedições de *Crime na calle Relator* tivessem sido escritos no ínterim entre a edição *princeps* e as demais reedições, até porque estamos falando de um autor que se demora, ocasionalmente, dez anos para finalizar um poema, conforme a publicação de *Agrestes* confirma, a considerar a matéria senegalesa ou equatoriana. Tudo isso se complica, se consideramos que no ano seguinte à incorporação daqueles poemas, outro livro foi editado sob outra orientação gráfica e estética, portanto sem assimilar aqueles inéditos que, inapelavelmente, iam parar no livro já costurado no ano anterior, alterando não só sua configuração física, mas também a feição propriamente literária, como se não importasse o volume original, e a quantidade de poemas a caber num livro dependesse da disposição editorial, invariavelmente oscilante. Mais ainda, dá a entender que as determinações gráficas que o autor se empenhou em registrar tão duramente, porquanto repercutiam em dimensões elaborativas ou representativas, de repente, deixavam de interessar ou não interferiam mais naquele estilo expressional que, um ano antes, fora elaborado equilibrada e contabilizadamente a partir do quatro, como vinha fazendo nas últimas três décadas. Sob o ponto de vista da recepção, parece que o livro deixou de interessar como artefato estético, e a sensação gráfica a despertar no leitor passaria a não importar mais, também de repente, não mais que de repente.

Diante da impossibilidade de poder referir com precisão a qual conjunto de composições corresponde o livro, cuja quantidade de poemas varia de acordo com a edição compulsada, constituindo um livro em processo, fiquemos, pois, com a leitura de uma composição que consta no livro *Crime na calle Relator* desde sua publicação primeira e, por isso, adquire função ilustrativa do objeto estético como um todo que se cristalizou no acúmulo e no cotejo da edição *princeps* com todas as subsequentes. Conformando-se a qualquer brochura ou qualquer encadernação que esse livro venha a ter, passemos à leitura do poema "História de pontes":

1
De onde o que foi todo o Recife
e hoje é só o bairro do Recife,

de onde de dia, bancos, bolsas,
e à noite prostitutas louras,

de madrugada, quando a angústia
veste de chuva morna, e é viúva,

certo Cavalcanti ou Albuquerque
voltava para casa, murcha a febre.

2
Na Ponte Maurício de Nassau,
deserta, do deserto cão

das pontes (quem não o conhece
é melhor que não sofra o teste),

pois N. vê que um outro vinha
na mesma calçada em que ele ia.

Vendo alguém, vê-se aliviado:
eis onde acender um cigarro.

3
A noite na ponte é sem diques,
mais, numa ponte do Recife.

A ponte a custo se defende,
esgueirando-se frágil, entre

massas cegas, nuvens de treva
que a esmagam pelas costelas:

não há sequer a companhia
de janela que se abriria.

4
Nisso o homem que se aproximava
frente a N. a boca escancarara,

boca de assombração, vazia,
onde um único dente havia,

um dente de frente, o incisivo,
único, mas capaz do riso

bestial, que não é o da morte
mas o de quem vem de sua posse.

5
N., Cavalcanti ou quem quer,
pavor e nojo, deu no pé:

varou a Primeiro de Março,
varou a pracinha do "Diário",

vara disparado a Rua Nova,
nesse então Barão da Vitória,

chega à Ponte da Boa Vista:
outra ilha! quem sabe, a saída.

6
Levando na alma aquele dente,
sem encontrar um recifense

a quem contar, e nos ouvidos
o hálito mau daquele riso,

entra na Ponte da Boa Vista
como não se entra na Polícia:

na ponte treliçada, de cárcere,
purgaria o dente que o arde.

7
Já agora, cansado, não corre.
Vê alguém, enfim, pela ponte,

alguém que logo deteria
para dividir o que o crispa.

Detém o estranho, contra a história,
de um dente só que ri na boca.

O estranho o escuta paciente,
como um doutor não ouve um doente.

8
"Riso de um dente só na boca?
Riso, na madrugada roxa?

Será por acaso este o dente?"
Mostra-o: é o mesmo, e o rir demente.

Por terror, loucura, o que seja,
N. dispara à Tamarineira.

(Cura-o de todo Tio Ulysses.
Não de ponte em Capibaribes)[1]

---

[1] Melo Neto, 2020, pp. 686-688.

Assim como vários outros dos 16 poemas coligidos na primeira edição do livro *Crime na calle Relator*, incluindo aí "A sevilhana que não se sabia", o poema está estruturado em dísticos, com rimas emparelhadas e octossílabos. Mantendo-se a métrica costumeira ao autor, a mudança na estrofação repercute na formalização do verso, pelo que se depreende de seu esquema rímico, cuja leitura fica mais intricada, ainda que se mantenha modalidade toante, pois uma toante alternada deixa o eco mais distante do que uma toante emparelhada. A manutenção do metro, por seu turno, retoma algo convencionado em função da quadra, que se desmembra em dísticos cujo eco imediato instaura uma estruturação que reforça o sentido de circularidade, inclusive pela ostensiva repetição sonora gravada no emparelhamento das rimas.

Como tal emparelhamento das rimas já tinha sido registrado nos livros anteriores, tendo começado em *Museu de tudo* (1975) e se desdobrado em *Agrestes* (1985), ora acidentalmente ora sistematicamente na quadra, agora a desestabilização impulsionada pela variação rímica da convenção adotada e lapidada pelo autor se converte em desmembramento da estrofe, como se o autor, por conta própria, estivesse desmontando a modalidade estrófica que tão empenhada e vigorosamente se esforçou para consolidar e para erigir um modelo expressivo em língua portuguesa. Por outra, podemos visualizar por iniciativa deliberada um movimento autoral de dilapidar o que ele mesmo construíra, como se a formalização do dístico constituísse algo mais do que uma alternativa à quadra, porque mais radicalizasse seu seccionamento, próximo a um estilhaçamento, posto que dois dísticos não necessariamente constituam uma quadra. Por isso, a opção pelo dístico implica a segmentação da quadra, à qual corresponde um dilaceramento da matéria, como correlato expressivo da forma. Estilhaçada a quadra, dilacerada a matéria na qual o autor se desdobrou em não sei quantos pedaços para construir uma modalidade expressiva e que agora se mostra esquartejada, como se o quatro ficasse melhor como um símile do despedaçamento. De igual modo, o sujeito que se negara na forma estruturada agora aparece também em imagem desfocada, porquanto projetado fantasmagoricamente pela réstia de uma assombração que o incomoda e que, na ânsia de encontrar um correspondente para si, se projeta em Boca-de-Ouro. Como a visagem de Boca-de-Ouro é soprada desde a segunda metade do século XIX e continuou a perambular pelo século seguinte – e não só pelas ruas do Recife –, nada mais natural do que a necessidade de sua atualização através daqueles sujeitos esquisitões, com quem João Cabral circunstancialmente se limita. Mas antes de chegarmos à elaboração do poeta, talvez valha a pena conferir a descrição do fantasma feita por Gilberto Freyre, coligida das bocas populares:

> O aprendiz de boêmio não gostou da figura do malandro. Nem da sua cor que à luz de um lampião distante parecia roxa: um roxo de pessoa inchada. Atrapalhou-se. Não tinha ponta de cigarro ou charuto aceso a oferecer ao estranho. Talvez tivesse fósforo. Procurou em vão uma caixa nos bolsos das calças cheios de papéis amarfanhados: rascunhos de trovas e sonetos. E ia remexer outros bolsos quando o tipo acapadoçado encheu de repente, e sem quê nem para quê, o silêncio da noite alta, o ar puro da madrugada recifense, de uma medonha gargalhada; e deixou ver um rosto de defunto já meio podre e comido de bicho, abrilhantado por uma dentadura toda de ouro, encravada em bocaça que fedia como latrina de cortiço. Era o Boca-de-Ouro. [...] Correu o infeliz aprendiz de boêmio com toda a força de suas pernas azeitadas pelo suor do medo. Correu como um desesperado. Seus passos pareciam de ladrão. Ou de assassino que tivesse acabado de matar a noiva. Até que, cansado, foi afrouxando a carreira. Afrouxou-a até parar. Mas quando ia parando, quem havia de lhe surgir de novo com nova gargalhada de demônio zombeteiro a escancarar o rosto inchado de defunto e a deixar

ver dentes escandalosamente de ouro? Boca-de-Ouro. O fantasma roxo e amarelo.²

Não se estranha, a partir daí, que o poeta se confessasse absolutamente fascinado pela prosa de seu primo de segundo grau:

> Desde moço sou absolutamente fascinado pela prosa de Gilberto Freyre – nunca ninguém escreveu uma prosa como a dele. Eu não tenho a dicção, no sentido que os ingleses usam a *diction*, quer dizer, escolha de palavras. Os temas do Gilberto são outros, a palavra dele é outra, no entanto eu sinto que o ritmo da prosa do Gilberto é excelente. É a maior prosa brasileira. Vai desde *Casa-grande & senzala* ao artigo mais insignificante que ele escrever.³

Diante disso, tampouco espanta que, mais de dez anos antes da publicação do poema de que nos ocupamos por ora, João Cabral tivesse publicado o "Casa-grande & senzala, quarenta anos", coligido no *Museu de tudo* (1975). Assim se ata um nó muito apertado entre a produção do antropólogo e a do poeta recifense, menos pela simpatia confessa do que pela matéria comum que anima ambas as escrituras. E se justapusermos o *Guia prático e sentimental da cidade do Recife* a *Assombrações do Recife Velho*, sob a dicção do poeta recifense, vamos chegar muito próximo do poema que ele compôs e que reúne, a um só tempo, o universo simbólico oriundo das bocas populares, a cartografia da capital pernambucana, as famílias tradicionais daquele torrão e uma das figuras emblemáticas do seu convívio familiar, batizado como Ulysses Pernambucano de Mello, que, além de se unir aos dois escritores pelo ramo Gonçalves-de-Mello, também está gravado no mapa da cidade, já que dá nome ao Hospital Psiquiátrico

---

[2] Freyre, 2000, pp. 62-63.
[3] Melo Neto, 1981, p. 102.

do Recife (vulgarmente, a Tamarineira), que hoje recebe o nome do tio do poeta, Ulysses Pernambucano. Local onde se encerravam os doentes mentais e que foi transformado devido à intervenção desse psiquiatra, que sedimentou práticas muito diferentes das que, então, vigoravam.

Muito curiosa essa história que se faz através de pontes, como objeto apropriado para desenvolver a narração, uma vez que, sendo o Recife uma cidade atravessada por pontes, também está recortada por certa história, ao menos desde o tempo dos flamengos, simbolizada na ponte Maurício de Nassau, que se desdobra no poema na Ponte da Boa Vista. Passando pelas pontes, a história é remida pelas histórias de assombração. Isso explica o fato de o poeta ter feito uma exploração do fantasma mais afim à sua própria figura, já que na sua composição a mesma visagem perambula pelas pontes do Recife, onde se depara com Cavalcantis e Albuquerques, além de seu Tio Ulysses e certo N., enigmático. Acontece que o N. distingue a inicial da alcunha de João Cabral na sua linhagem, que possui dois homônimos – o tio e o avô, de quem herdara o nome:

> Essa *História de pontes* é uma história assim meio de assombração. Não sei, eu quis reconstituir um pouco aquela atmosfera noturna, daquelas pontes do Recife. Você, de madrugada, atravessar uma daquelas pontes do Recife, dá uma ideia de solidão absoluta. Porque você ouve os passos do sujeito que está a duzentos metros de distância. Porque não tem ninguém na rua. Você cruzar com um sujeito no meio da rua, a rua tem casa de cada lado, tem janela, tem porta. Agora você cruzar com um sujeito no meio de uma ponte, de noite, de madrugada, realmente é uma aventura. O cara pode meter uma faca em você. Atravessar uma ponte de madrugada, você não tinha trânsito: não tinha mais bonde, não tinha mais ônibus, automóvel... E hoje é assim ainda. Eu termino o poema com uma brincadeira, dizendo que o sujeito foi para Tamarineira, onde o Tio Ulysses, que era meu tio, psiquiatra, curou-o. Essa história talvez seja uma história do século passado, Tio Ulysses nem era vivo. Mas já que eu

estava fazendo um poema, eu disse que ele foi para a Tamarineira, que era o maior hospital de loucos do Recife, e que Tio Ulysses, que foi, na minha infância, diretor do Hospital, curou-o. Por que eu dizer que ele foi para Tamarineira onde um *psiquiatra* o curou? Fica uma experiência muito mais tocável botar Tio Ulysses. Aí o leitor vê que é uma pessoa e não um psiquiatra! Assim eu dou uma visualidade que se eu pusesse um psiquiatra não daria.[4]

Ao mesmo tempo em que o autor revela algo de sua escolha vocabular, que prefere utilizar o nome de uma pessoa à sua designação profissional, à custa de conferir maior visibilidade, historiciza também o enredo do poema. Possivelmente ambientado no século XIX, embora transmita uma experiência ainda possível hoje, o autor se coloca a si próprio e a um parente no meio do enredo da assombração e da história, malgrado originalmente não se descrevesse assim. Que seu Tio Ulysses tivesse sido diretor do hospital é explicitado na entrevista sem referir que o autor havia sido tratado pelo próprio tio. Quando diz que Tio Ulysses o curou no poema está sugerido que tal cura foi devotada a muitos, mas não que o autor estivesse entre aqueles muitos outros pacientes sob os cuidados do seu tio, o que já confessara anteriormente em carta a Carlos Drummond de Andrade de 22 de setembro de 1942, conforme segue:

> Escrevo-lhe sobre um assunto de que sempre esperei não ter suficiente coragem para lhe falar. [...] E que eu ia adiando, confesso que por certo pudor de incomodá-lo sobre um assunto cuja categoria não era de natureza a acabar com esse acanhamento, preferindo mesmo, para isso, dispor de outros elementos que agora me aparecem completamente inúteis. Acho que meu caso v. já conhece. Trata-se de minha ida para

---

[4] Melo Neto, 1989b, pp. 45-46

o Rio. Mais de uma vez tenho estado com viagem marcada. Numa das vezes (no fim do ano passado) deixei de ir porque aconselharam a fazer um novo tratamento; para isso passei seis meses no sanatório do meu tio Ulysses Pernambucano, para depois desse tempo os médicos chegarem à conclusão de que somente no Rio ou em São Paulo eu poderia curar-me.[5]

Destaque-se da missiva o tom comedido com que se volta para o outro poeta que, naquele momento, figurava um exemplo, para quem a revelação de assuntos íntimos, de saúde ou prosaicos demandava algum pudor. Depurada a circunstância da declaração, quando alvejamos o enredo do poema em foco, percebemos algo subjetivo no momento em que a personagem, estarrecida diante da visagem, dispara da ponte Maurício de Nassau para a rua Primeiro de Março e vai passando pela pracinha do Diário, continuando pela rua Nova, até chegar à ponte da Boa Vista. Aí o sujeito que veio do Recife Velho (ponte Maurício de Nassau) para o bairro de Santo Antônio chega à Boa Vista, cujo trajeto percorrido se limita a uma conquista sua. É no Recife moderno que o sujeito do poema encontra o Tio Ulysses e a Tamarineira, duas marcas por excelência da modernização simbioticamente encravadas naquela cidade.

Antes de prosseguirmos, algumas referências: o diário mencionado é o *Diário de Pernambuco*, de cuja edição centenária, organizada por Gilberto Freyre, resultou o *Livro do Nordeste*. A rua Nova é a mesma em que residiu Antonio de Moraes Silva – o dicionarista e tetravô do poeta – e que foi palco do episódio que redundou na tentativa de assassinato do governador Luiz do Rego Barreto, estopim para a eclosão de uma das revoluções pernambucanas. Ao chegar à ponte da Boa Vista é que aquele sujeito desesperado por um encontro real vai se confidenciar a um estranho, que o escuta, não como um doutor, e sim pacientemente. Ocorre que o "estranho" mencionado é o seu

---

[5] Melo Neto, 2001, p. 180.

Tio Ulysses, psiquiatra que tratou o personagem do poema e o autor na vida real. O encontro com o seu Tio Ulysses vai se dar justamente na ponte da Boa Vista, onde a visagem se esfuma e se abre a avenida que vai dar na Tamarineira. O riso demente de um dente único não pode ser visto apenas como uma glosa irônica ao imaginário popular associado à assombração, mas se trata na verdade de uma imagem associada aos doentes mentais que se afigurou factível na Tamarineira – e não de todo estranha ao poeta.

Da fabulação poética, destaque-se o caráter irônico de uma assombração, que, sendo Boca-de-Ouro, aparece com um dente só. Aquela visagem incógnita que lhe aparece sobre a ponte Maurício de Nassau sob um escuro do cão rememora também uma experiência concreta que o relega à condição humana mais fragilizada, ainda que sob o aparato familiar. Dos inúmeros espectros que João Cabral elege para projetar sua imagem, Boca-de-Ouro talvez seja aquele mais abstrato e, talvez por isso, o mais verossímil, porque permite uma exploração em que não há diferença entre a sombra perseguida e a imagem projetada: Boca-de-Ouro que já é, por si, uma projeção de algo incondicionado, a que o autor confere substância. Não parece despropositado, a partir disso, que sua versão daquela história venha comportar elementos que marcam pontualmente sua inscrição na sua cidade natal, através do contato direto com o seu tio preferido. Tio esse, aliás, que primeiro percebeu a potencialidade intelectiva do menino João, quando, por volta de seus três anos, o punha sentado num tamborete em cima da mesa, para que a criança lesse o jornal e, depois de retirado o jornal, versasse sobre o conteúdo lido, conforme se fixou na história oral da família. Não deixa de ser curioso que esse mesmo tio viesse a tratar daquele sobrinho por ocasião de sua maioridade, quando acometido por surtos inexplicáveis, motivados talvez pela viagem ao Rio de Janeiro, dos quais o jovem João Cabral não se livrava, como de uma ideia fixa.

QUADRO XIX

SEVILHA ANDANDO (1989)

Dos cinco livros de João Cabral de Melo Neto editados pela Nova Fronteira entre 1984 e 1989, *Sevilha andando* é talvez o de leitura mais difícil, nem tanto pelo conteúdo em si, mas muito mais pelas sucessivas encadernações que recebeu ao longo das reedições, depois da incorporação de novos poemas, alterando a configuração do livro como um todo. Sua excepcionalidade supera até mesmo a edição inacabada de *Museu de tudo e depois: obras completas II* (1988), que não teve o volume complementar *A educação pela pedra e antes: obras completas I*. Aliás, enquanto esteve participativo e atuante na edição de suas obras, quando se tratava de uma antologia de livros ou de poemas, o autor sempre reclamava a publicação retrospectiva de sua escritura, mas nunca prospectiva, soando estranho que o fizesse agora – se considerarmos o deslocamento do poema "A sevilhana que não se sabia" do *Crime na calle Relator* (1987) para o *Sevilha andando* (1989). Mesmo assim, inaugurando tanta variação editorial, quando o livro *Sevilha andando* teve sua primeira estampa colecionava 52 poemas, divididos em duas partes: a primeira, composta de 16 composições; a outra, composta de 36 composições. Como se vê, naquele primeiro momento, ainda vigorava o desejo autoral de manter ou recuperar a quadratura do seu estilo, transferida para a brochura como um artefato estético – ilustrada na quantidade de composições que compunha cada uma das partes ou das composições autonomamente –, o que logo se dilui na reedição seguinte, a partir de quando se lhe acrescentaram 15 composições, ficando o livro com 67 poemas.

Outro diferencial de *Sevilha andando* é de ser o único livro com dedicatória sem sobrenome, mesmo se tratando da autora já reconhecida que era Marly de Oliveira, ali nomeada íntima e singelamente de "Marly". Antes, o autor já havia lhe devotado o poema "A sevilhana que não se sabia", mesmo quando coligido em *Crime na calle Relator* obliquamente por meio de alusões como "viesse a encalhar por engano / nas praias do Espírito Santo" ou mediante o epíteto "campista", e agora lhe é dedicado o livro todo, *Sevilha andando*. Cumpre informar que Marly de Oliveira foi a segunda esposa de João Cabral de Melo Neto, com quem passou a coabitar em fins de 1986, e a primeira publicação de *Crime na calle Relator* veio a lume em dezembro de 1987. Então, aquele poema deve ter sido gestado ao longo desse interstício.

O caso de *Sevilha andando* se faz especial porque não só incorpora uma composição do livro anterior, mas se estrutura a partir daí pela relação com a *persona* tematizada naquele poema, que é a mesma figura da dedicatória, tendo sido organizadora do livro *Museu de tudo e depois: obras completas II* (1988). Depois disso, viria a ser organizadora do *Obra completa* (1994) e *Poesia completa: Serial e antes; A educação pela pedra e depois* (1997). Então, ela se afigura como alguém mais do que a pessoa que pudesse explicar os porquês das transformações dos livros de João Cabral, uma vez que a publicação da obra passava necessariamente pelo crivo da sua leitura até 2008, quando Antonio Carlos Secchin organizou *Poesia completa e prosa*. Até ali, se os livros inchassem ou encolhessem, tal como aconteceu com *Crime na calle Relator* e *Sevilha andando*, assim se modificariam sob a anuência do olhar de Marly de Oliveira, sob sua rubrica, já que todas as organizações até ali têm sua assinatura.

Por outro lado, a epígrafe do livro *Sevilha andando* traz o verso "En el cielo que pisan las sevillanas...", atribuído ao popular sevilhano, que marca um traço de conservação dos princípios autorais, e rememora a epígrafe do poeta Gonzalo de Berceo (1190--1260), constante em *O rio*: "Quiero que compongamos io e tú una prosa". Óbvio está que Berceo não é um popular exatamente, mas a grafia em espanhol sugere uma interlocução desejável ao autor, como um ponto de convergência hispânico que é atualizado, inclusive sob o ponto de vista editorial, posto que até ali *O rio* talvez fosse a obra que mais incorporou emendas num curto espaço de tempo – de 1954 a 1956 – e que agora cede espaço para a publicação de *Sevilha andando*, majoritariamente pautada pela disjunção, porque a obra que se edita logo é reeditada de outro modo. Não só em alteração na quantidade de versos da edição anterior, mas com uma realização editorial que demanda outra observação dos princípios estéticos e composicionais, conforme foram publicados na edição primeira. Talvez aí resida a principal diferença em relação à reedição de *O rio*, em curto espaço de tempo, cuja estrofação e configuração dos versos é alterada, mas sem mexer na quantidade de versos ou de poemas, que se mantém a mesma, embora os versos mudem na disposição da página e da linha que os encerraram inicialmente.

Tudo isso se complica um pouco mais se lembrarmos que o livro *Crime na calle Relator* teve uma reedição no ano anterior à publicação de *Sevilha andando*, sem que constasse mais ali o poema "A sevilhana que não se sabia", que o enfeixara de início e que se expandiu em várias outras composições ali coligidas. Depois dessa reedição de 1988, o livro *Crime na calle Relator* continuou a incorporar outros poemas, sem que houvesse a datação dos poemas incorporados, o que se aplicou com certa naturalidade a *Sevilha andando*, uma vez que ambos os livros colecionavam poemas que tematizavam Recife e Sevilha, havendo uma predominância do Recife nos poemas incorporados a *Crime na calle Relator* e uma predominância de Sevilha nos poemas inseridos em *Sevilha andando*. Difícil é saber se tal separação é decorrente da vontade autoral, se obedece a determinações editoriais ou se foi sugerido pela ocasional organizadora da obra, ou, ainda, se é possível a combinação de duas dessas hipóteses ou das três entre si. O fato certo e contábil é que, originalmente, *Crime na calle Relator* colecionava 16 poemas, enquanto que *Sevilha andando* carregava 52 composições. E se somarmos os poemas que foram acrescidos a um e a outro livro, chegaremos à soma de 25 poemas. Se somarmos a quantidade de poemas dos dois livros em suas respectivas primeiras edições, teremos 68 poemas; ao passo que, em suas últimas edições, chegaremos ao total de 93 poemas.

A constatação é que o malabarismo editorial não soube dar às reedições o acabamento do par, tão característico à obra de João Cabral de Melo Neto, o que poderia ter se resolvido com uma brochura adicional, já que a cifra dos 25 poemas é maior do que a coleção inicial de *Crime na calle Relator* e havia ainda composições inéditas, que viriam compor o livro a ser publicado em seguida, *Primeiros poemas* (1990). Então, qualquer que tenha sido a motivação para o acréscimo num livro e noutro, as emendas não ornaram aquelas encadernações, uma vez que a coleção de poemas inserida em ambas – num curto lapso temporal – poderia facilmente ter sido incorporada a outro livro, publicado à parte. Se fosse o caso, não precisaria descompor as brochuras anteriores, nem a quadratura autoral, nem mesmo comprometer o acabamento que havia sido proposto por ocasião das respectivas publicações originais, podendo ainda os novos poemas serem publicados como dispersos, o que jamais aconteceu, visto que como dispersos foram considerados outros poemas na edição da *Obra completa* (1994), e não mais aqueles inseridos em ambas as edições *princeps*.

Tal como ficou, o imbróglio está armado e qualquer outra solução parece tão enigmática quanto a obscura solução anterior, porque implica sobrepor uma arbitrariedade a outra arbitrariedade, sem que seja mais possível desvendar as motivações que levaram os livros a ficarem tal como estão. Indiscutivelmente os dois livros estão geminados entre si, não só pelo poema que migra de um para outro, mas muito mais pelo procedimento compositivo de incorporar uma quantidade de poemas à publicação primeira e que destoa de toda a lavra autoral acumulada até ali. Sem deixar de fazer menção aos procedimentos autorais – inclusive os paratextos editoriais –, pelo uso da quadra que se desmembra em outras modalidades estróficas ou pela assimilação da paisagem, que confere uma pulsação própria àquela escritura, o livro *Sevilha andando* escancara um procedimento que já havia sido experimentado em *Crime na calle Relator*, qual seja, o de incorporar indiscriminadamente uma quantidade de composições à publicação, o que também os distingue entre si, já que o primeiro incorporou dez poemas e o segundo incorporou 15 poemas. Não parece estranho, diante disso, que a Alfaguara tenha feito uma publicação que reúne justamente os dois livros: *Crime na calle Relator* e *Sevilha andando* (2011). Deixando claro que o parentesco entre os livros existe, passemos à análise de uma composição em que o amálgama de ambas as atmosferas fica evidenciado como um procedimento autoral de longo alcance e, mesmo ali onde se pretende uma exclusividade de Sevilha, pulsa também o Recife, tal como se vê no poema "Meu álcool", aqui recortado na instabilidade da terceira das quatro partes que o compõem, conforme foi coligido desde a primeira edição em *Sevilha andando*, na exposição do livro logo depois de "A sevilhana que não se sabia":

3
Esse álcool não é de vender:
ninguém engarrafou um ser.
É álcool sem quandos, sem ondes,
de perto, ou pelo telefone.

Vê-lo e usá-lo foi de imediato:
depois de álcoois mais variados,
da familiar cana de cana
de suas várzeas pernambucanas,

viajou por outros tão diversos
(os de Apollinaire, o dos versos)
que até empregou como bebida
o fluido ambíguo de Sevilha.

E de nenhum deles renega:
nem das úlceras que eles legam
nem da intestina hemorragia
em hospitais ao fio da vida.[1]

Uma primeira reiteração a ser feita acerca desse poema é que, na ordem de apresentação no livro, ele segue "A sevilhana que não se sabia" e que também está dividido em quatro partes, tal como o outro, só que está disposto em quadras, apesar das rimas emparelhadas, e não em dísticos, como foi concebido o poema que o antecedera. Distingue-se ainda da composição anterior pela quantidade de versos que anima cada uma das partes, que, no caso anterior, se compunha de 20 versos, enquanto que "Meu álcool" apresenta 16 versos por parte, também múltiplo de dois e de quatro. Talvez porque os 16 versos lembrassem poemas da década de 1960 – a exemplo de *Quaderna*, de *Serial* ou de *Dois parlamentos* –, tenha havido a escolha estrófica pela grafia da quadra, sem que o esquema rímico de toantes alternadas fosse observado, e assim ficou. Tendo ficado assim, o que supostamente era acidental – e a precedência do poema "A sevilhana que não se sabia", migrado do livro anterior, reforça o acidente –,

---

[1] Melo Neto, 1989a, p. 14.

por seu turno, adquire ali função estruturante, o que é reforçado pela relação de contiguidade com o anterior, cuja significação lhe é emprestada por contaminação.

É preciso lembrar, não obstante, que desde *Museu de tudo* (1975) o autor vinha experimentando variações rímicas no interior da quadra, isso que deve ser acrescentado a toda significação que o poema adquire na interrelação com outras composições da brochura. Se há, portanto, um movimento interno no livro que faz comunicar um poema com outros poemas ali coligidos – cuja tonalidade se define a depender da edição –, constituindo uma série de poemas entre si, é possível ver outra série também entre os poemas em quadra, cujo esquema rímico não se ajusta à rima toante e alternada, o que expandiria a série de poemas do livro em direção a livros anteriores. Essa modalidade de quadra com rima heterodoxa e significativa já havia sido praticada nos livros anteriores; listados retrospectivamente de livro a livro, dispomos dos seguintes: *Crime na calle Relator* – "Numa sessão do grêmio"; *Agrestes* – "O Senegal *versus* a cabra", "Dúvidas apócrifas de Marianne Moore"; *Museu de tudo* – "Metadicionário", "Anti-Char", "A Quevedo" e "A escultura de Mary Vieira". Se quisermos assinalar essa modalidade de rima anômala – de quadra emparelhada – no interior do *Sevilha andando*, além de constar em "Meu álcool", encontraremos "É demais o símile".

Observando a forma do poema "Meu álcool" por outra angulação, perceberemos que o seu enredo se desenvolve particularmente em decorrência de uma afirmação de Marques Rebelo, convertido em personagem e interlocutor no poema que se empenha em caracterizar o bêbado como o apreciador do álcool. É esse gatilho entre a alegria desejada até o limite, para se chegar a um álcool particular, que cambaleia entre Recife e Sevilha, conduzindo por reduplicação a outro novo álcool que só é possível com a "convivência nua de mulher". Sendo esta a síntese do enredo, faz-se oportuno acompanhar o desenvolvimento do poema, de parte a parte, ao longo das quatro partes constituídas de 16 versos cada.

    A primeira parte do poema é engatilhada por uma declaração de Marques Rebelo que define e promove uma reflexão sobre o bêbado, cambiante entre o "invivo" e o "sobrevivo", que pressupõe uma potência que o álcool seria capaz de lhe dar, para chegar a um ponto extremo, já que o ser – tal como se apresenta ali ou como é exatamente – deve ser insuportável, podendo compensar com um fogo que o álcool acende, o que pode ser resumido no seguinte dístico: "Por isso, é que o bêbado bebe / porque triste quer ser alegre". A segunda parte do poema é contradita por um sujeito indeterminado – supostamente o próprio autor – que achou outro álcool, que ora o apaga, ora o acende, como se tivesse duas pontas. Trata-se, na verdade, de um álcool que não se bebe, mas se contempla. Por isso é um álcool para a convivência, que pode ser ilustrado no seguinte dístico: "álcool que dá a chama e o sopro / com tê-lo ao alcance do corpo". A terceira parte se reporta à anterior por meio do demonstrativo "esse", quando afirma: "Esse álcool não é de vender: ninguém engarrafou um ser", que por não se submeter a tempos nem a espaços e ter sido oriundo de várzeas pernambucanas, tendo passado pelo livro *Álcoois* de Apollinaire e sendo o que o levou até Sevilha, dá-se a entender que seja a literatura. Para finalizar o poema na quarta parte, quando se afirma que a um novo álcool se entregou, que permite chegar a um consumo de álcool maior na vida e mais regularmente, simulando um clima claro e pleno, conforme enuncia no dístico, entre parênteses: "E isso, só, com a convivência / de mulher, com a nua presença". Se o recorte dos dísticos não serviu para ilustrar a dimensão do poema como um todo, ao menos deve substituir a transcrição na íntegra, já que a análise vai se restringir aos 16 versos da terceira parte, deliberadamente escolhida em número ímpar, para corresponder à inversão rímica acidental, que adquire significação singular no contexto da composição.

Na esteira da exposição, de parte por parte, poderíamos retomá-la sob a seguinte compreensão: na primeira parte há uma especulação acerca dos efeitos do álcool no indivíduo que o consome; já na segunda parte, o álcool modalizado produz outro tipo de embriaguez no indivíduo que consome a literatura, como uma convivência amistosa; para, em seguida, fazer a descrição circunstanciada desse tipo de álcool (a literatura) na vida do autor/consumidor que oscila entre Recife e Sevilha; e finalmente chega à designação de Sevilha, que "é interna-externa, é noitedia", como uma lídima definição de amor. Relacionando as estrofes ímpares e as pares entre si, poderíamos resumir o raciocínio expresso no poema sob o seguinte silogismo: a embriaguez do álcool está para a definição da literatura, assim como a embriaguez literária estaria para o amor. Acatando o raciocínio de que a terceira parte do poema se volta para a definição do objeto literário tal como se apresenta ao poeta, estaríamos mergulhando na parte do poema que é metalinguística por excelência, haja vista a correlação de forças nas estrofes nucleares entre as "várzeas pernambucanas" e "o ambíguo de Sevilha", assim como as estrofes que emolduram a terceira parte tensionam que esse objeto "é álcool sem quandos, sem ondes", que se opõe a úlceras e hemorragias que precipitam o fio da vida.

Se traduzirmos tal fabulação pelo que se inscreve nas rimas, podemos, a título de ilustração, destacar os sintagmas que amarram sonoramente os terceiros e os quartos versos de cada uma das estrofes, já que as rimas são emparelhadas, quando disporemos da seguinte enumeração: estrofe 1 – "sem ondes" rima com "pelo telefone"; estrofe 2 – "cana de cana" rima com "várzeas pernambucanas"; estrofe 3 – "como bebida" rima com "de Sevilha"; estrofe 4 – "hemorragia" rima com "fio de vida". Colocado assim o enunciado do poema, o universo autoral é ilustrado metonimicamente, o qual, por óbvio, se amplia nas outras rimas e nos demais enunciados sonoros, sintáticos ou lexicais que estão sedimentados ao longo das quatro estrofes que encerram a terceira parte do poema. A enunciação de "álcoois" no plural dá bem a dimensão de que esse álcool a que se refere não é um álcool só, mas traz um buquê de álcoois outros com os quais dialoga e ecoa, o que vale inclusive para o próprio Apollinaire, cuja obra traz no título o álcool no plural. Com isso, a obra *Álcoois* do francês, ilustrada no poema pelo pronome átono "os", ilustra e remete a outros álcoois, que são presentificados ali pela lembrança de um específico, que já se apresenta no plural. Entre a diversidade e a universalidade do objeto literário que se materializa, as escolhas particulares ao poeta se impõem como determinantes da sua expressão, até porque estão todos metaforizados em metalinguagem recorrente, que salta no poema por todos os lados.

Ao radicar a metalinguagem predominantemente na parte três, a composição implica um deslocamento da tonalidade expressiva, que relega a quarta parte a um protocolo, o qual simula a força do poema, mas muito mais de maneira retórica, sem constituir na forma o núcleo composicional, que fica deslocado para o ímpar, o singular e o acidental com que o poeta se identifica, tanto quando se autonomeia pelo pronome "um" no primeiro verso da segunda parte, quanto pelo fato de que todo o seu repertório está formalizado na parte 3. Por outra, existe um vínculo intrínseco entre um e o três, não só quando pensamos no cotejo das estrofes, mas também quando pensamos nos modos pelos quais o autor se identifica e identifica o seu repertório simbólico e imagético. Entre a sensação de embriaguez do álcool e a sensação de embriaguez literária, fica a consumação de uma experiência literária forjada pelo seu vocabulário específico, que deu à cana uma representatividade poética jamais vista na língua portuguesa, o que é outra maneira de nomear o álcool, o que também é explicitado pela referência do verso "a familiar cana de cana" na terceira linha da segunda parte. Aliás, se relacionarmos os terceiros versos das três primeiras estrofes da terceira parte, teremos o seguinte enunciado: "É álcool sem quandos, sem ondes", "da familiar cana de cana", "que até empregou como bebida". O enunciado que ironicamente revela um sujeito supressivo e suprimido, por ausência e em negativo, revela todo o seu percurso literário, do qual se embriagou para falar de experiências que lhe foram familiares com vistas a uma universalização que, mesmo quando consumada, se esvazia e se esfuma sem jamais poder ser compartilhada devidamente. Há, portanto, uma espécie de desistência nessa afirmação, que desloca o objeto para um previsível senso comum, que parece agradar a todos sob a singela e inquestionável solução amorosa, o que é de algum modo incompatível com o amor praticado pelo poeta durante toda uma vida.

QUADRO XX
PRIMEIROS POEMAS (1990)

A se considerar o tempo de escritura das composições, *Primeiros poemas* é o livro que reúne as primeiras realizações poéticas de João Cabral de Melo Neto, que vieram a público, extemporaneamente, em 1990. Então, se considerarmos o tempo de sua edição e de sua publicação, é, na verdade, o último, e não o primeiro, livro do autor, apesar de coligir o conjunto das composições juvenis e inéditas jamais publicadas sob qualquer suporte. Por isso, a contribuição que esse volume acrescenta ao repertório autoral se faz necessariamente controversa, porque outra é a repercussão do conjunto extemporâneo de versos junto ao público e, por essa razão, será apreciado aqui somente agora. Em paralelo àquela publicação extemporânea, é preciso asseverar que surgiram novos poemas nas reedições de *Crime na calle Relator* e *Sevilha andando* em fins dos anos 1980 e ao longo dos anos 1990, sem um novo título que interferisse substancialmente na recepção ou na compreensão da obra como um todo, ainda que no interior daqueles dois livros aparecessem inéditos ou éditos fossem deslocados. Feitas as ponderações, interessa vislumbrar uma pulsão expressional em processo, pois é bem razoável destacar o livro *Primeiros poemas* no contexto da obra, uma vez que sofreu muitas e substantivas alterações em curto espaço de tempo, notadamente por ter ficado a cargo dos editores e organizadores lhe conferir feição e sentido, sob uma designação que oscila entre

"Apêndice" e "Dispersos", conforme se encontra nas antologias em que foi estampado, ainda que mantivesse o título de *Primeiros poemas*.

Cumpre assinalar, ainda, que a última antologia da obra poética de João Cabral de Melo Neto, publicada sob o título de *Poesia completa* (2020) pela editora Alfaguara, teve entre seus organizadores Antonio Carlos Secchin, que posicionou o livro *Primeiros poemas* no início da sequência de livros ali enfeixados, tal como já havia feito em coletânea anterior intitulada *Poesia completa e prosa* (2008), também sob sua organização. Tendo sido o editor e organizador da primeira edição do livro *Primeiros poemas*, nada mais previsível do que conferir ao título a primazia que lhe é designativa como parte de uma coleção de poemas autônoma e autoral. Aliás, o título foi assim estampado porque, entre outras, reunia as primeiras composições de João Cabral de Melo Neto, inéditas, que ali ganharam o atributo de constituir uma série de poemas encadernados numa brochura exclusiva.

Outro tipo de consideração se desencadeia quando aquele volume primeiro deixa de ser veiculado isoladamente e, sob mediação editorial, passa a constar em meio de antologias de livros, quando enfeixados em epítetos como os de "obra completa" ou "poesia completa". Quando convertido em parte de uma antologia, aquele volume de antes ganha outra nomeação, ocasionalmente diversa da publicação primeira. Da materialidade da edição *princeps*, além da capa com o título trabalhado em conformidade à quadratura da obra autoral e das orelhas que carregavam a listagem da produção poética cabralina (de um lado) e o propósito da coleção desencadeada por aquele volume (de outro lado), cumpre distinguir a rubrica constante na segunda contracapa:

> Compõe-se esta primeira edição dos *Primeiros poemas* de João Cabral de Melo Neto de 500 exemplares numerados de 001 a 500. Obra editada pela Faculdade de Letras da UFRJ em homenagem ao poeta pelos

seus setenta anos e pela obtenção do título de Doutor *Honoris Causa* conferido pela Universidade Federal do Rio de Janeiro. 14 de setembro de 1990.[1]

Ali, o mesmo "Índice" que anuncia a existência de dois paratextos como constitutivos do livro divide a coleção de poemas em três partes: 1. "Primeiros poemas", com 19 composições; 2. "Pedra do Sono (poemas não reeditados)", com nove composições; 3. "Trouxe o sol à poesia", com uma única composição homônima à parte que a enfeixa. Decerto a maior das partes do livro enuncia um procedimento compositivo, segundo o qual existe uma relação metonímica entre a encadernação como um todo e a parte, o que é extensivo à terceira parte e ao poema que a constitui, ficando à margem a segunda parte, a qual retoma poemas excluídos da publicação inicial de *Pedra do sono* (1942), que agora dá título também a esta outra parte do livro. A pretexto de circunscrever a apreciação do livro pela sua condição física, vejamos como o organizador tratou do assunto no paratexto de que dispôs:

> Os vinte e nove poemas reunidos nesta coletânea de João Cabral de Melo Neto abarcam, na verdade, três períodos distintos. O primeiro, representado pelos dezessete textos da parte I do livro, corresponde efetivamente aos primórdios da produção cabralina, época anterior à sua estreia em livro, com *Pedra do sono*, 1942. [...] O segundo período presente no livro é o de "Pedra do sono", com uma única incursão a *O engenheiro* (1945): deste deveria ter constado o poema "A asa", conforme pudemos verificar no manuscrito; [...] todavia, o texto não integrou o livro, talvez por corresponder a uma configuração cubista-surrealista que interessava menos ao poeta quando da edição de *O engenheiro*. Já os nove poemas de *Pedra do sono* são, a rigor, praticamente inéditos: "As amadas", "Dois estudos", "Homem falando no escuro", "A *miss*", "O regimento",

---

[1] Melo Neto, 1990, s/p.

e "O aventureiro" só foram publicados na primeira (e raríssima) edição de *Pedra do sono*, com tiragem de trezentos e quarenta exemplares. Os demais ainda integram, sem os títulos, os *Poemas reunidos* que a Editora Orfeu lançou, também com pequena tiragem, em 1954. Mas foram todos suprimidos nas obras que fizeram efetivamente circular a poesia de Cabral, a saber: *Duas águas* (1956) e *Poesias completas* (1ª edição 1968). [...] Finalmente, fechando o livro, um texto de 1947: "Trouxe o sol à poesia". Corresponde, estilisticamente, à fase/face solar do poeta, originada a partir de *O engenheiro*.[2]

A citação, ao passo que nos exime de repetir informações que já foram registradas por outrem, dimensiona o meticuloso trabalho do organizador, que fez muito mais do que coligir dispersos ou dispor do caderno autógrafo. A compreensão autoral como um estilo em processo animou todos os passos da organização, que se deu em conformidade àquela expressão poética. A considerar o enunciado da citação, houve algum dissenso entre o que propunha o organizador e o resultado a que chegou o volume, pois na verdade a primeira parte do livro ficou constituída por 19 composições, e não 17, conforme consta na segunda frase da "Introdução" citada aqui. De igual modo, o poema "A asa" veio a compor a primeira parte do livro, em vez da segunda, tal como está anunciado no texto do organizador.

Importa lembrar que nas reedições do livro até o momento, duas pela Nova Aguilar e uma pela Alfaguara, a segunda parte foi restituída ao volume original, que lhe dá título: *Pedra do sono*. Todavia, há algumas diferenças entre essas reedições: na primeira, de 1994, sob organização de Marly de Oliveira, o poema "Trouxe o sol à poesia" – que constitui e intitula a terceira parte do livro *Primeiros poemas* – foi deslocado e inserido a fórceps no livro *Museu de tudo*, que até ali se compunha de 80 poemas, sob o título de "Poema". Aquela composição

---

[2] Secchin, 1990, pp. v-vii.

só voltou a constituir o volume original na reedição de 2008, sob organização do mesmo Antonio Carlos Secchin, uma vez que o volume *Primeiros poemas* havia sido extirpado em sua totalidade da produção cabralina, por ocasião de reedição pela Nova Fronteira, sob o título de *Poesia completa: Serial e antes; A educação pela pedra e depois* (1997), também sob a organização de Marly de Oliveira, que assina o prefácio. Quando aquele poema voltou a integrar a lavra autoral de João Cabral de Melo Neto, tanto na reedição de *Primeiros poemas* pela Nova Aguilar em 2008, quanto pela Alfaguara em 2020, já não dispunha mais do título que nomeava a parte do livro e a própria composição originalmente, a qual passou a ser identificada pela designação genérica de "Poema", conforme foi inaugurado na edição da *Obra completa* (1994).

Então, se quisermos um acompanhamento cronológico das publicações do livro *Primeiros poemas*, teremos a seguinte ordenação: em 1990, acontece o lançamento da edição original, com três partes, sob a organização de Antonio Carlos Secchin, pela Faculdade de Letras da UFRJ; em 1994, ocorre a publicação da *Obra completa* de João Cabral de Melo Neto, pela Nova Aguilar, organizada por Marly de Oliveira, onde o livro *Primeiros poemas* consta como "Apêndice" e somente com uma das suas três partes originais, localizada ali logo após a coleção de sua prosa, e não como um livro de poesia já publicado que compusesse a trajetória autoral; em 1997, a Nova Fronteira lança *Poesia completa: Serial e antes; A educação pela pedra e depois*, volume também organizado por Marly de Oliveira, sem que nenhuma das partes do livro *Primeiros poemas* constasse ali ou qualquer menção lhe fosse feita; em 2008, a Nova Aguilar reedita a obra do autor, sob a designação de *Poesia completa e prosa*, que lhe restitui a presença do volume *Primeiros poemas*, constando no início da ordem cronológica da obra. Ali foi restituída também a composição "Trouxe o sol à poesia", só que agora sob o título de "Poema", conforme havia sido publicado em *Museu de tudo* na edição da *Obra completa* (1994). Quando da publicação da *Poesia completa* (2020) pela Alfaguara, que também teve a mão de Antonio Carlos Secchin, o título daquela composição se manteve como "Poema".

Após a publicação original, o volume *Primeiros poemas* ora aparece como apêndice e apenas com uma de suas partes, ora é preterido absolutamente da produção poética de João Cabral de Melo Neto, ou, ainda, é colocado como obra seminal do poeta, com apenas duas das três partes originais, sem mais voltar a ser o que fora a princípio. Diante das informações, ao que parece, sua edição primeira cumpriu o propósito de reeditar os poemas espirrados de *Pedra do sono*, só que o efeito de tal propósito implicou justo em descaracterizar a publicação que se prestou a reparar a lacuna, uma vez restaurada a colocação original dos poemas. Com isso, expõe-se o dilema: aqueles poemas preteridos do livro *Pedra do sono* e constitutivos do livro *Primeiros poemas* devem voltar à sua publicação primeira ou, ao invés, constar somente na última publicação em vida do autor? Ou, ainda, constar em ambas, uma vez que houve uma e outra publicação onde os poemas ficaram boiando, de acordo com a compreensão do organizador ou do editor?

Devido à prevalência dada àquela composição na publicação original, converter-se-á aqui em objeto de análise. Todavia, impõe-se a observação de que existe um diferencial de leitura entre a sua primeira publicação – onde há a coincidência de uma de suas partes e o primeiro verso do poema "Trouxe o sol à poesia", que a constitui – e a última, onde lhe foi conferido o título de "Poema", sob o influxo de duas outras composições homônimas naquele mesmo volume e duas outras homonímias autorais exteriores, sendo uma em *Pedra do sono* e outra em *Sevilha andando*. Diante da duplicidade, oscila uma significação cambiante, posto que não houvesse qualquer advertência a respeito do título na edição original, cuja terceira parte é homônima ao poema, o qual, por seu turno, reproduz o primeiro verso: "Trouxe o sol à poesia". De maneira que, a depender da edição que esteja sendo compulsada, a mesma composição vai se chamar de um modo ou de outro, o que serve até para fazer a distinção de qual a edição trabalhada para a abordagem do poema, a primeira ou a última. Em contrapartida, a segunda edição daquela composição, ali intitulada de "Poema", ao ter sido grafada numa única página, instruiu sua fixação na edição seguinte, quando foi restituída ao volume original, mas já com a solicitação de outra compreensão do leitor, necessariamente diversa de quando intitulada como "Trouxe o sol à poesia", e dispunha de sete estrofes distribuídas em duas páginas. Agora, sob outro espaçamento entre as estrofes e entre os tipos grafados, outra visualização da composição se nos oferece para a leitura e a consequente análise. Leiamos, pois, tal como aquela composição se configura agora, após sua restituição ao volume original:

Poema

Trouxe o sol à poesia,
mas como trazê-la ao dia?

No papel mineral
qualquer geometria
fecunda a pura flora
que o pensamento cria.

Mas à floresta de gestos
que nos povoa o dia,
esse sol de palavra
é natureza fria.

Ora, no rosto que, grave,
riso súbito abria,
no andar decidido
que os longes media,

> na calma segurança
> de quem tudo sabia,
> no contato das coisas
> que apenas coisas via,
>
> nova espécie de sol
> eu, sem contar, discorria:
> não a claridade imóvel
> da praia ao meio dia,
>
> da aérea arquitetura
> ou de pura poesia:
> mas o oculto calor
> que as coisas todas cria.[3]

Há uma instabilidade nessa composição que se estende da constituição verbal e se instala na sua formalização ostensiva, tanto na métrica quanto na estrofação, bem como no léxico e no ritmo que se desencadeia a partir daí. Na estrofação fica mais evidente, porque o poema se inicia com um dístico que se desdobra em seis quadras em hexassílabos, cujo ritmo exige certa paciência do leitor, sob pena de tomar como verso de pé quebrado o que não é, porque o metro assim se permite ser lido e até solicita, para dar conformação à tonalidade expressiva mediante a rítmica dos versos, edulcorados por um vocabulário espontâneo em franco desalinho com a densidade semântica.

Do vocabulário propriamente, não é possível decalcar nenhum arcaísmo, qualquer neologismo ou mesmo uma variante regional, constituindo-se por meio de um léxico bastante comum, exceto pelo advérbio "longe", que se substantiva no plural. Afora isso,

---

[3] Melo Neto, 2020, pp. 30-31.

nenhuma ocorrência vocabular digna de apreço, se tomarmos as palavras isoladamente, o que deixa de acontecer se tomarmos as palavras conjugadas em expressões e locuções adjetivas, que embaçam o sentido proposto, a exemplo do que ocorre em: "papel mineral", "floresta de gestos", "nova espécie de sol" ou "aérea arquitetura". Nesses casos, a clareza lexical, quando justaposta entre substantivos e adjetivos, obscureceu o sentido do texto.

Contradição semelhante se visualiza quando concebemos o poema sob certa estrutura estrófica que replica a estrutura métrica, conduzindo ambas para uma compreensão particularizada no texto. Para tanto, basta observar que os 28 versos constitutivos da composição totalizam exatamente o dobro do que reza um soneto, como se o poema cabralino estivesse deliberadamente pautado por duplicar a quantidade de versos daquela forma fixa. Por outro lado, é bem sabido que o hexassílabo é também conhecido como heroico quebrado, a se considerar que o heroico inteiro é um decassílabo, como se expandindo a quantidade de versos em dobro e reduzindo o tamanho de versos pela quebradura do heroico, o poeta estivesse especulando acerca de outra formalização equivalente e paralela à forma fixa petrarquiana na língua portuguesa, sem reproduzi--la no nível da estrofe nem da métrica. Não parece casuístico que posteriormente o autor venha a eleger os metros seis e oito como os seus preferenciais, bem como a quadra, sua modalidade estrófica preferida, que remonta à tradição medieval ibérica.

Feitas as ponderações, há um princípio de civilidade que anima a produção de João Cabral de Melo Neto como conduta subjetiva e prática discursiva, sem as quais não é possível entender sua obra em amplo espectro, e que já se aplicava à sua poesia inicial, tal como podemos perceber nesse "Poema" de 1947 por meio do par opositivo "luz" e "dia". Das três ocorrências da palavra "sol", apenas uma incide ao final do verso, constituindo uma rima acidental e toante com "imóvel". Por outro lado, a palavra "dia" é fortemente constitutiva do esquema rímico, seja quando rima com "poesia", "natureza fria" ou "descobria", naquelas mesmas estrofes em que aparece o par luminoso, ou também quando se ouve seu eco em "geometria", "pensamento cria", "abria", "media", "sabia", "via", "cria", depois da reincidência do significante "poesia".

As duas ocorrências da palavra "poesia" ao final do verso, constituindo o esquema rímico, somente são superadas pela palavra "dia", que acumula três incidências anafóricas naquele espaço, dando a entender que o texto, mais do que imperativamente poético, é de uma poesia diurna, se aproximarmos as palavras mais recorrentes na rima e daí extrairmos um sintagma. Se estendermos tal procedimento a outros vocábulos, chegaremos a conclusões reveladoras, mas para não tornar cansativo o expediente de leitura, convém assinalar que há repetições nas rimas de palavras e de classes de palavras. Se dividirmos, por exemplo, as palavras que rimam entre nomes e aquelas que rimam entre verbos, chegaremos exatamente à mesma cifra: sete ocorrências para cada classe – seja verbo, seja nome –, o que nos leva à consideração sugestiva de que o poema esteja pautado por moderado equilíbrio, mesmo porque a rima nas quadras só ocorre alternativamente, já que no dístico inicial é emparelhada.

A constatação subsequente é a de que a pergunta entabulada pelo dístico é desdobrada em duas respostas equivalentes às duas primeiras quadras, as quais, por sua vez, engendram uma frase única, que se arrasta pelas quatro quadras seguintes, encerrando uma progressão geométrica engatilhada nas primeiras estrofes que se faz aritmética nas últimas quatro. Então, sob o ponto de vista sintático, o "Poema" se distribui assim: uma interrogação no dístico, respondida em dois enunciados, correspondentes às duas primeiras quadras. Tais enunciados demandam uma ilustração que é desenvolvida numa única frase, construída ao longo de quatro quadras, em que o sujeito exerce função solar no seu desenvolvimento, porque carreia para o núcleo do enunciado certo entendimento de poesia, tal como está concentrado na penúltima quadra do poema.

Essa estrofe interessa sobretudo porque é a última daquelas três quadras que carregam simultaneamente as palavras "sol" e "dia" como indicativos de certo tipo de civilidade ou de racionalidade. Na primeira dessas quadras, o esquema rímico já havia sido frequentado pela palavra "geometria", que adquire função adverbial agora, porquanto predica, por seu turno, esse "sol" e esse "dia" inadvertidamente como constituintes expressionais, que se contrapõem à "claridade imóvel", como uma "nova espécie de sol". Este verso é curioso porque cria um cavalgamento com o significante "eu", que abre o verso seguinte e é estruturante dessa estrofe em particular, estendendo-se nas quatro estrofes que desfilam o percurso do sujeito em busca da poesia, que se lhe afigura um sol.

O cavalgamento do "eu" no verso "nova espécie de sol" instaura uma dimensão apositiva para a leitura, pois sombreia o sujeito pelo sol como uma novidade expressiva, até porque estão materialmente separados em dois versos, como se ser o sol fosse uma condição subliminar do sujeito que está anteposto à locução adverbial e ao verbo, mas posposto ao objeto direto, fazendo com que o objeto da construção tenha precedência na frase sobre o sujeito, o qual se sujeita de fato e semanticamente, por seu turno, ao objeto em pauta, ao qual passa a se submeter, não só no curso da frase, onde o sujeito exerce função secundária, mas sobretudo na significação daí decorrente, na qual se figura um objeto do objeto, transfigurado na semântica porque instado na sintaxe.

Cumpre insistir na sinalização de que, assim como o significante "eu" exerce função nuclear no enunciado restrito da estrofe em que está grafado, exerce função igualmente nuclear no enunciado expandido ao longo das quatro últimas quadras do poema, que encerram a revelação do sujeito, cavalgada pelo verso que o antecede e submerso ao desenvolvimento da frase, entendida não pelo anúncio de um verbo – que simula uma compreensão parcial e incompleta –, e sim como uma ordenação das partes, que só se completam quando o sentido proposto é aceito. Aí reside uma estrutura frasal por meio da qual aquele sujeito se revela, porque faz parte dela em toda a sua extensão, e não episodicamente disfarçado por uma ocorrência acidental do "eu". Aliás, esse significante aqui só interessa quando entendido como parte estruturante do enunciado que o revela, ainda que ali o seja na dobradura do verso, invertido na oração, que lhe sobrepõe o objeto, ao qual aparece subordinado e submergido. Ao que parece, o objeto é a própria poesia que escreve e na qual se inscreve como um dia ao sol ou "as manhãs no tempo" – conforme outro verso do autor –, sem divisar ao certo qual é a ordem de prioridade nem quem é a prioridade, muito embora ali haja um sujeito a equilibrar o texto, ainda que precariamente, ao menos como uma estratégia retórica ou uma figura de linguagem imprecisa ou inaudita.

Como uma decorrência necessária a quem tem a consciência de estar grafado na própria poesia como uma condição do ofício, não há por que se distinguir do texto como uma entidade autônoma, uma vez que o texto só se faz devido à existência de um sujeito a lhe delinear os seus contornos e lhe conferir uma formalização. Se tal propriedade não fica evidente em outras modalidades textuais, não há como ignorá-la na poesia. João Cabral experimentara ali o seu limite possível, absorvendo o sujeito ao objeto, até onde o objeto não podia ir espontaneamente por conta própria. No caso de João Cabral, deixa-se absorver completamente pelo objeto da poesia, quer entendamo-lo por meio do léxico utilizado ou por meio da sintaxe que estrutura a frase, da métrica ou da estrofação que estrutura o verso, que, por sua vez, também o define. E mesmo quando o significante "eu" aparece ali, não é indicativo de sua *persona* social ou pessoal, e sim de um constituinte discursivo, que pode até encetar uma compreensão de poesia, mas somente porque está submetido à condição objetal de que é parte, sob a qual transparece sua subjetividade. Com isso, amplia o entendimento de poesia e, por tabela, o nosso entendimento do mundo ou do mundo criado pela sua poesia, ao menos para os seus leitores. Em contrapartida, quando enxergarmos 20 anos depois da escrita desse "Poema" a seguinte expressão, em um dístico: "A manhã, toldo de um tecido tão aéreo, / que, tecido, se eleva por si: luz balão", tal como encerra o seu poema mais famoso "Tecendo a manhã", constataremos aí um movimento que já estava sinalizado em "Trouxe o sol à poesia", por meio de expressões semanticamente similares, a exemplo de "aérea arquitetura". Se assim quisermos, de uma parte para a outra, sua escritura repercute indefinidamente ao longo de sua obra, o que necessariamente não tem que ser visto como um defeito, como uma falta ou um fracasso. Pois se sua expressão tiver algum mérito – e não parece haver dúvidas sobre isso –, é por ter se constituído a si mesma, quase que isoladamente, o que é um modo de ser para si, não sendo – senão como objeto de linguagem –, e ser para os outros pelo que se fez de sua condição objetal, construída por sua conta e risco.

CONSIDERAÇÕES EXTEMPORÂNEAS

Diante do exposto, encarrilha-se uma série de questionamentos: 1. Por que o autor não teria publicado aqueles *Primeiros poemas* quando de sua escrita? 2. A qualidade estética daqueles poemas era questionável no seu tempo de escritura, quando o autor ainda não havia se consagrado? 3. Se houvesse qualquer simpatia autoral por aquelas suas composições, por que não foram assimiladas ao longo das suas sucessivas publicações, o que aconteceu com inúmeros outros poemas seus? Entre o desejo autoral de dispor retrospectivamente suas publicações, o de equilibrar sua produção literária – fossem poemas, livros ou coletâneas – e o de publicar autônoma e extemporaneamente aquele volume, parece não haver qualquer possibilidade de consenso.

De antemão, coloca-se o seguinte dilema a seu leitor: qual o sentido de ler uma produção pregressa de um autor consagrado? Sim, porque aquele autor publicado em 1990 é, na verdade, o que bordeja a década de 1940, portanto, sem a fortuna crítica que o consolidara junto ao público e, existencialmente, não tinha passado pelos reveses experimentalistas formais nem pelos abismos políticos que incendiaram o século XX e que incidem diretamente sobre a configuração autoral do poeta. Então, restam poucas alternativas: toma-se o livro como uma produção juvenil de João Cabral, para especular temas e formas que vieram a reforçar o estilo que se consolidou ao longo do espinhoso trajeto; ou toma-se o livro efetivamente como o último publicado em vida do autor, portanto como resultado do processo que ali se concretizara e tomara forma, sem considerar as variáveis históricas e biográficas. Acontece que aí se desdobra outro dilema, de natureza lógica: como o que foi criado antes sem ter sido publicado determina, interfere e altera a criação posterior, sem passar pelo crivo dos leitores, que o consagraram? Sem tal consideração, dá-se a entender que haveria uma essencialidade na escrita autoral, que estaria além do público e que o autor não teria o direito de mudar ao longo de 50 anos de publicação.

Acontece que, se aquela publicação foi evitada ou sufocada pelo próprio autor, ela constitui sua condição autoral em diagonal pelo que não foi efetivamente, nem pôde se configurar para os leitores no seu tempo de concepção e de escritura, sendo a publicação posterior. Isso equivale a dizer que a condição autoral se trata de algo exterior à própria projeção, a qual deixa de se constituir como traço distintivo para seus leitores, já que, segundo a hipótese, o autor se faz reconhecer pelo que ainda não havia sido publicado, nem tampouco contribuiu para o gosto que se desenvolve ao par de sua leitura, a não ser extemporaneamente. O volume estaria, por conseguinte, fora da trajetória artística que se constituiu até ali e é a que influencia sobremaneira seus leitores, porque é a que caracteriza a poesia de João Cabral.

Então, se não for entendido como artefato exclusivamente editorial, o volume *Primeiros poemas* não se constitui como um ponto de chegada; se for considerado como artefato estético em toda a extensão de seus significantes verbais – gráfica, sonora e sintaticamente –, aqueles seus poemas jamais poderão ultrapassar o limite do que veio a ser posteriormente a expressão de João Cabral de Melo Neto, à qual serve de lenitivo ou arremedo precário. Por isso, se tomado como artefato editorial, aquele volume tem valor singular porque incide sobre sua produção retrospectivamente, como um registro incipiente do que viria a ser depois. De outro modo, tomado na condição de artefato estético, o livro se constitui como um chiste, porque não se enquadra fácil no percurso autoral, segundo os critérios que ele mesmo impôs para si. Por mais sinuosa que seja, aquela trajetória só pode ser cotejada quando ancorada nalguma instância material extensiva à própria feitura dos versos.

À GUISA DE SÍNTESE, OBSERVAÇÕES SOBRE OS LIVROS

Ao longo de todos os títulos dos capítulos, junto à enumeração de cada quadro, vieram sempre a indicação da obra correspondente e o ano de publicação, em vez da época de concepção ou de escrita, justamente para valorizar em cada livro o aspecto editorial da encadernação. Por isso, a sequência se encerra com *Primeiros poemas*, que reúne a lavra cabralina da virada da década de 1930 para a de 1940, a despeito de somente ter vindo a lume em 1990, portanto com um lapso de 50 anos entre a concepção autoral e sua conversão em objeto de consumo ao público leitor, disponibilizado em brochura. Por mais que a inversão entre o tempo de concepção e o de publicação pareça estranha aos olhos de quem reclama uma cronologia linear na trajetória poética, tal reivindicação já se desfaz se considerarmos que as hesitações autorais foram constantes na sua veiculação, pois, desde o primeiro momento de publicação, sempre houve interferência do autor, do organizador ou do editor para que os poemas ou a brochura mudassem de configuração, conforme a circulação da obra de João Cabral de Melo Neto. Também sob esse aspecto o livro *Primeiros poemas* é exemplar, haja vista que sua primeira edição recuperou poemas preteridos de *Pedra do sono*, que depois foram reintegrados ao volume original. Com isso, a depender da edição compulsada, existem cinco poemas que ficaram boiando ora num livro ora noutro, porque desapareceram de *Pedra do sono* desde as reedições de 1954 e de 1956 e só voltaram na reedição de 1994, enquanto esses mesmos cinco poemas apareceram na edição *princeps* de *Primeiros poemas* e desapareceram das suas reedições subsequentes. Então, a depender da edição compulsada e do escopo de leitura em curso, o último e o primeiro livro de João Cabral estão imbricados entre si ou vêm a se compor de uma quantidade de poemas ou de outra. Afora o caso de "Trouxe o sol à poesia", posteriormente, "Poema", conforme foi assinalado em análise anterior do livro.

O caso de *Os três mal-amados* não é menos especioso, já que, tendo sido publicado inicialmente na *Revista do Brasil* (1943), sua primeira aparição em brochura somente se deu em *Poemas reunidos* (1954), quando João Cabral finalmente assumiu a autoria e incorporou o volume à própria lavra. Antes disso, mesmo quando investido da condição de editor, o autor não fazia qualquer menção àquela obra, haja vista não constar na listagem de sua produção poética timbrada no frontispício de suas edições de O Livro Inconsútil, ocasião em que mencionava todos os seus outros títulos publicados até ali, inclusive os de prosa. Curiosamente, não havia espaço para qualquer referência a *Os três mal-amados*, ainda que sob uma designação suspeitosa como "disperso" ou "obra imatura", cujo reconhecimento só foi configurado em 1954, portanto uma década após a publicação original. Os livros *O engenheiro* (1945) e *Psicologia da composição com a Fábula de Anfion e Antiode* (1947) sofreram alterações pontuais, que merecem ser observadas de caso a caso, de poema a poema, e não devem ser desprezadas no devir editorial que constitui a veiculação da obra cabralina.

Na mesma perspectiva, outra motivação para valorizar a edição de *Poemas reunidos* é que o lapso de tempo entre a primeira edição de *O cão sem plumas* (1950) e sua reedição em 1954, além de registrar a incorporação dos subtítulos, quais sejam, "Paisagem do Capibaribe", "Fábula do Capibaribe" e "Discurso do Capibaribe", também acumulou mais de três dezenas de alterações lexicais – incluindo aí o acréscimo de versos –, às quais se somam mais de duas dezenas de alterações sintáticas na pontuação, totalizando mais de 50 significantes gráficos para interferir na primeira reedição da obra, que logo teve outra em 1956, com mais alterações ainda. De 1954 para 1956 também houve uma sucessão de modificações entre a primeira edição de *O rio ou relação da viagem que faz o Capibaribe de sua nascente à cidade do Recife* (1954), que precisam ser observadas particularmente, uma vez que seus 960 versos, quando distribuídos em estrofes de 12, apresentam certa regularidade na alteração de versos, de estrofe a estrofe, mudanças que variam numa média de 1/4 dos versos. Tal instabilidade também se verifica nas reedições de *Morte e vida severina* (1956), tanto na nomeação das partes do livro quanto no desenho dos versos.

Também as obras publicadas ao longo da década de 1960 sofreram alteração no âmbito da designação das partes, o que vale para *Quaderna* (1960), para *Serial* (1961) e para *A educação pela pedra* (1966), bem como no âmbito da estrofação, o que vale para *Dois parlamentos* (1960), embora a fixação dos volumes se desse naquela mesma década por ocasião da publicação das *Poesias completas* (1968). Em contrapartida, o único livro lançado na década seguinte – *Museu de tudo* (1975) – simula um princípio de estabilidade na crítica, o que parece contradizer sua recepção em geral. Pois esse livro é reconhecido unanimemente como um ponto de inflexão na escritura cabralina, sob um paradoxo na observação do volume em sua variação gráfica da primeira edição – quando dispunha de 80 poemas como continuidade estética da quadratura anunciada na década anterior – para sua reedição na *Obra completa* (1994), sem comprometer sua unanimidade. A significação distorciva que aquela obra adquire em face do todo autoral é decorrente de interpretações muito similares que se restringem ao âmbito do enunciado, mas não das conquistas gráficas acumuladas ao longo da trajetória poética, incluindo aí a definição estrófica, métrica ou da quadratura do volume, surpreendentemente octogonal, restaurada após sua reedição em 1994, quando houve a inserção do "Poema", antes intitulado "Trouxe o sol à poesia".

Já na década de 1980, o poeta vai ser acometido por uma espécie de surto criativo que se converte numa meia dúzia de obras, tão distintas quanto complementares entre si, a começar por *A escola das facas* (1980), cuja quantidade de poemas vai ser alterada na sua reedição da *Obra completa* (1994), para depois ser restaurada na reedição da mesma Nova Aguilar, *Poesia completa e prosa* (2008). Cumpre referir que os poemas que entraram no livro *A escola das facas*, quando saíram, foram parar no posterior *Crime na calle Relator* (1987), o qual é publicado inicialmente com 16 poemas e hoje dispõe de 25, tendo uma de suas composições migrado para *Sevilha andando* (1989), que inicialmente colecionava 52 poemas e reúne agora 67. Se quisermos celebrar os momentos de estabilidade editorial, os livros de João Cabral de Melo Neto que, salvo engano, ainda não sofreram alteração no universo dos 20 títulos abordados são os seguintes: *Uma faca só lâmina* (1956), *Auto do frade* (1984) e *Agrestes* (1985).

Se houvesse, pois, a possibilidade de escolher um denominador comum à leitura, seria o da compreensão do artefato estético na imbricação do objeto editorial, necessariamente gráfico, preferencialmente quando chancelado pelo crivo autoral. Por óbvio, importa ressaltar a abertura de inúmeras possibilidades de compreensão da obra, a qual será sempre conduzida para um lugar contíguo à falta de unidade, devido à quantidade de condicionantes, concorrentes entre si, para a consumação do objeto de fruição que é o livro de poemas. Sem muita certeza do que oferecer como saldo de leitura, fica uma moderada cisma sobre o que constitui efetivamente o objeto literário, sem ter a ingenuidade de que o que quer que chamemos de literatura seja algo engessado no passado, como se fosse um simples tributo a tempos pretéritos, e não estivesse em jogo o conjunto de agentes atuantes na significação em movimento, para a qual o leitor tem função nuclear, seja especializado ou não. Entre os especializados – seja crítico, seja organizador ou editor –, cada um colabora à sua maneira, mas nunca de maneira definitiva, porque haverá sempre alguém a interferir no significado proposto de início, para que faticamente se atualize o registro do objeto estético vazado em linguagem verbal, de vez que se trata de um bem público, à mercê do leitor, símile ou sinal de algo vivo e dinâmico.

REFERÊNCIAS

ANDRADE, Carlos Drummond de. "Correspondência de João Cabral de Melo Neto – Carlos Drummond de Andrade". *In:* MELO NETO, João Cabral de. *Correspondência de Cabral com Bandeira e Drummond.* Rio de Janeiro, Nova Fronteira/Fundação Casa de Rui Barbosa, 2001.
_____. *Poesia completa*, vol. 2. Rio de Janeiro, Nova Aguilar/Bradesco Seguros, 2001.
BANDEIRA, Manuel (org.). *Antologia de poetas brasileiros bissextos contemporâneos.* Rio de Janeiro, Zélio Valverde, 1946.
BOSI, Alfredo. "O Auto do frade: as vozes e a geometria". *Céu, inferno.* São Paulo, Ática, 1988, pp. 96-102.
CANDIDO, Antonio. "Notas de crítica literária – poesia ao norte". *Textos de intervenção.* São Paulo, Duas Cidades/Editora 34, 2002, pp. 135-142
CARDOZO, Joaquim. *Poemas.* Rio de Janeiro, Agir, 1947.
_____. *Pequena antologia pernambucana.* Barcelona, O Livro Inconsútil, 1948.
FREYRE, Gilberto. *Assombrações do Recife velho.* Rio de Janeiro, Topbooks, 2000.
GARCIA, Othon Moacyr. "A página branca e o deserto". *Esfinge clara e outros enigmas.* Rio de Janeiro, Topbooks, 1996, p. 177-265.
HOUAISS, Antônio. "Sobre João Cabral de Melo Neto". *Drummond, mais seis poetas e um problema.* Rio de Janeiro, Imago, 1976, pp. 203-227.
MARQUES, Ivan. *João Cabral de Melo Neto: uma biografia.* São Paulo, Todavia, 2021.

REFERÊNCIAS

MELO NETO, João Cabral de. *O engenheiro*. Rio de Janeiro, Amigos da Poesia, 1945.
_____. *O cão sem plumas*. Barcelona, O Livro Inconsútil, 1950.
_____. *O rio ou relação da viagem que faz o Capibaribe de sua nascente à cidade do Recife*. São Paulo, Comissão do IV Centenário da Cidade de São Paulo, 1954a.
_____. *Poemas reunidos*. Rio de Janeiro, Orfeu, 1954b.
_____. *Duas águas*. Rio de Janeiro, José Olympio Editora, 1956.
_____. *Quaderna*. Lisboa, Guimarães Editores, 1960.
_____. *Terceira feira*. Rio de Janeiro, Editora do Autor, 1961.
_____. *Poemas escolhidos*. Lisboa, Portugália Editora, 1963.
_____. *Antologia poética*. Rio de Janeiro, Editora do Autor, 1965.
_____. *A educação pela pedra*. Rio de Janeiro, Editora do Autor, 1966.
_____. *Poesias completas: 1942-1965*. Rio de Janeiro, Sabiá, 1968.
_____. *Museu de tudo*. Rio de Janeiro, José Olympio, 1975.
_____. *A escola das facas*. Rio de Janeiro, José Olympio, 1980.
_____. João Cabral de Melo Neto. *In*: STEEN, Edla Van. *Viver e escrever*. Porto Alegre, L&PM, 1981, pp. 99-109.
_____. *Auto do frade*. Rio de Janeiro, José Olympio, 1984a.
_____. *Auto do frade*. Rio de Janeiro, Nova Fronteira, 1984b.
_____. *Agrestes*. Rio de Janeiro, Nova Fronteira, 1985.
_____. *Crime na calle Relator*. Rio de Janeiro, Nova Fronteira, 1987.
_____. *Museu de tudo e depois: poesias completas II*. Rio de Janeiro, Nova Fronteira, 1988.
_____. *Sevilha andando*. Rio de Janeiro, Nova Fronteira, 1989a.
_____. "Entrevista a João Cabral de Melo Neto". *In: Revista 34 Letras*, n. 3. Rio de Janeiro, 34 Letras, 1989b.
_____. *Primeiros poemas*. Rio de Janeiro, UFRJ, 1990.
_____. *Obra completa*. Rio de Janeiro, Nova Aguilar, 1994.
_____. *Poesia completa: Serial e antes; A educação pela pedra e depois*. Rio de Janeiro, Nova Fronteira, 1997.
_____. *As ideias fixas de João Cabral*. Rio de Janeiro/Mogi das Cruzes, Nova Fronteira/FBN/Universidade de Mogi das Cruzes, 1998.
_____. *Correspondência de Cabral com Bandeira e Drummond*. Rio de Janeiro, Nova Fronteira/Fundação Casa de Rui Barbosa, 2001.

MELO NETO, João Cabral de. *Poesia completa e prosa*. Rio de Janeiro, Nova Aguilar, 2008.
_____. *Crime na calle Relator; Sevilha andando*. Rio de Janeiro, Alfaguara/Objetiva, 2011.
_____. *Poesia completa*. Lisboa, Glaciar; Rio de Janeiro, ABL, 2014.
_____. *Poesia completa*. Rio de Janeiro, Alfaguara, 2020.
NUNES, Benedito. *João Cabral: a máquina do poema*. Brasília, Editora da Universidade de Brasília, 2007.
SECCHIN, Antonio Carlos. "Introdução". *In*: MELO NETO, João Cabral de. *Primeiros poemas*. Rio de Janeiro, UFRJ, 1990, pp. v-viii.
_____. *Uma fala só lâmina*. São Paulo, Cosac & Naify, 2014.

Título	João Cabral de Melo Neto em vinte quadros
Autor	Éverton Barbosa Correia
Coordenador editorial	Ricardo Lima
Secretário gráfico	Ednilson Tristão
Preparação dos originais	Matheus Rodrigues de Camargo
Revisão	Clarissa Penna
Editoração eletrônica	Cristiane Espelho Figueiredo
Design de capa	Estúdio Bogari
Formato	14 x 21 cm
Papel	Avena 80g/m^2 – miolo Cartão supremo 250 g/m^2 – capa
Tipologia	Minion Pro
Número de páginas	272

ESTA OBRA FOI IMPRESSA NA GRÁFICA CS
PARA A EDITORA DA UNICAMP EM SETEMBRO DE 2023.